女人游曼谷

[日] 清水千佳/著 [日] 万田康文/摄影 孙雪净/译

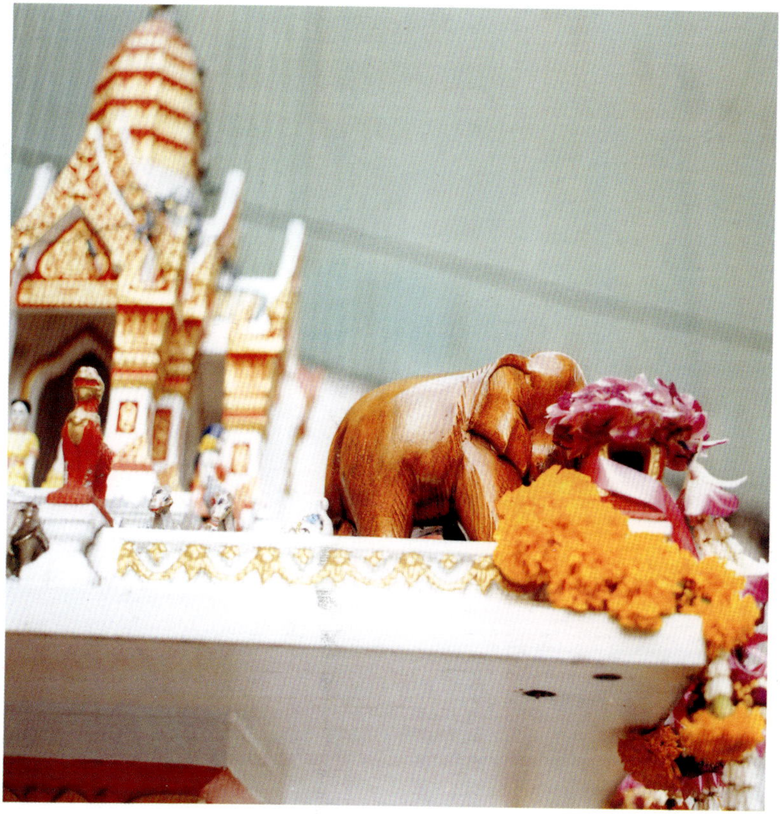

吉林出版集团有限责任公司

一去就肯定会

推荐工作日可以去喝下午茶的地方

这里介绍的素可泰巧克力自助餐只在周五、六、日有。如果是平时，推荐东方酒店、半岛酒店、四季酒店的下午茶。只需花英国三分之一的价格就能度过一段优雅的午后时光。

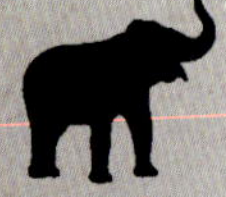

景点信息查看的方法

区 封皮地图上的位置　地 地址　☎ 电话号码　营 营业时间　行 出行方法

※ 泰国的货币为泰铢。本书中用 B 来表示。1 泰铢＝约 0.2 元人民币

喜欢的地方

14 年前我第一次去泰国。看到某航空公司的广告语“趁着年轻去泰国吧”，似乎就感觉到泰国的气息扑面而来，于是想“无论如何要到泰国去，亲自到当地感受一下这个国家的氛围。”

那时我的脑子里跳出了一连串的疑问：“为什么不去欧洲或者夏威夷？”“为什么要去泰国？”“泰国是不是治安不好很危险？”。当时我对泰国的印象不怎么好。

但是，我每次去泰国都会被那里的活力所感动，泰国人的亲切和友善以及他们对文化和宗教的重视，让我感到“这里不是在日本时所认识的泰国，一定有很多人一来到泰国就会喜欢上这里。”

十多年过去了，如今印象中的泰国发生了很大的变化。十年前劝我不要去泰国的朋友们现在也被泰国的魅力所深深吸引，去了很多次。从海滨游览圣地到购物、美食，我就像一个在各个方面都精通泰国的旅游行家得意地对朋友说：“看，不错吧。”

而且最近他们趁我居住在曼谷这个机会准备前来游玩。因为他们认为，如果和我这个曼谷通在一起，就可以被带去一些新鲜有趣的地方，还可以认识一些泰国朋友，和他们一起玩（笑）。“最前沿的曼谷”“最美味的曼谷”“最时尚的曼谷”……我带朋友去了能认识各类朋友的地方玩，他们都说“真的很愉快啊”，最后大家都满意而归。

想从泰国人的视角去旅行。

很久之后，我常常想起那些友好的泰国人，"真想再见见在曼谷遇到的那个泰国人啊"，"在宾馆成为朋友的那些人还好吗"，于是我又一次预订了飞往曼谷的机票。果然，充满魅力的不仅仅是那些场所。因为有热情友好、精力充沛的泰国人，于是那里的魅力就增加了两倍、三倍。曼谷真是一个可以一生尽情享受一次的地方。

在这本书中，我将介绍自己常去的地方以及带朋友光顾的商店。这本书并不仅仅介绍一些旅游景点，在书中我还会介绍一些当地的风土人情和有趣的事。如果您看完本书后能体验到泰国人的真情和活力，并想去泰国人居住的曼谷看看，我将非常荣幸。

泰国的文化真精彩！

泰国是东南亚地区的文化先进国之一。近些年来在日本拥有人气的泰国流行音乐自不用说，独立演出的音乐家也都很出色。下面我采访了一些引领泰国文化的备受瞩目的作家、漫画家。

她们会是泰国的“莉亚·迪宗（Leah Dizon）& 幸田未来”吗？

泰国的音乐标志“RS PROMOTION”公司打造的超级偶像Four-Mod。照片左边是Four（22岁），右边是Mod（17岁）。这本书的封面照片也是这两个人。她们曾六次在日本发行音乐录影带或举办演唱会。她们告诉了我她俩在日本和曼谷最常去购物的地方。

“在日本一定要去的是涩谷的109和原宿！”她们两人虽然很忙，但购物却是不能少的。Four说：“日本有很多色彩美丽的衣服，结果总是买很多。”相反，Mod则是Hello Kitty迷。她非常高兴地说：“之前我打算，如果去富士山看到有Hello Kitty的护身符，就一定要买下来。”

我问 Four:"值得推荐的泰国的购物场所有哪些?",她说:"在涩谷和原宿购物的女孩子应该到曼谷的萨伊亚姆看看。在那里能很便宜地买到日本风格的衣服,大力推荐哦!"拍照时两人穿的颜色鲜艳的丝奇尼牛仔裤好像就是在萨伊亚姆买的。

"萨伊亚姆里也有很多美甲沙龙。而且很便宜,购物以后去做美甲很不错哦。"Mod 推荐的沙龙是萨伊亚姆帕拉宫二楼入口处的"20Nail"。

顺便说一句,Four 和 Mod 分别以莉亚·迪宗和幸田未来为自己的时尚偶像。★

Discography

1st four-mod

2005 年发行纪念她们登上乐坛的作品。出众的外貌和可爱的歌声让日本的男孩子为之疯狂……

2nd LOVE LOVE

让人不仅仅感受到偶像的实力的第二张作品。收录的歌曲《LOVE LOVE》最受粉丝喜爱。

3rd Wooo!

大受欢迎的《Dek Mee Bpan Haa》的宣传录影带就是在日本拍摄的。穿梭在浅草和涩谷中的充满活力的两个人受到人们的瞩目。

4th In Wonderland

2008 年发行的作品。其中收录的很多时尚而吸引人的歌曲,虽然是泰国语却让人印象深刻。

像唱歌时一样,即使在说话,两人的步调也保持一致。虽然是超级偶像,但两人一直使用礼貌得体的泰国语交谈。

摄影协助:Wild Orchid Villa

艾伊斯·萨郎宇

音乐是国际交流的桥梁。

拥有超群的演唱实力和可爱的笑容，最具人气的实力派偶像歌手艾伊斯·萨郎宇（Ice Sarunyu）。2007年在日本首次亮相后，成为"泰国的腼腆王子"，拥有很高的人气。在泰国和日本两国从事音乐工作的艾伊斯教我了解各种音乐的不同之处及其魅力。

近来，在日本以外地区走红的泰国艺术家不断增多，但是当我问道："你认为今后泰国音乐会给日本音乐带来影响吗？"艾伊斯回答说："我感觉，在亚洲，泰国音乐确实开始产生了一些影响。我想或许是泰国语独特的发音获得了大家的喜爱。特别是最近，在日本以外地区，比如韩国也出现了很多受欢迎的泰国歌手。"艾伊斯自己现在也越来越多地受到来自韩国的邀请。"我认为泰国歌手更想进入日本市场，因为很多泰国歌手受到了日本歌手的影响，在音乐上一定有很多相通的地方。"艾伊斯说自己也受到了日本歌手化学超男子（Chemistry）、幸田未来和滨崎步的影响。

“亚洲各国如果能通过音乐进行交流多好啊。我一直很喜欢日本和日本人，能在日本工作也非常高兴。来日本之前，看到在泰国旅行的日本人，每个人都穿着可爱的衣服，很懂礼节也很亲切。”艾伊斯对日本抱有很好的印象。现在的艾伊斯稍微能说一点日语了，看到去泰国旅游因为语言不通陷入困境的日本人，就亲自上阵做起翻译来！除了音乐，他还坚持从事国际交流的工作。★

Beat ☆ Bang!! Bang!!

日本歌手宫胁诗音与Hip-Hop组合nawii合作的作品。充满动感的音乐配合着“你好啊，叫喊起来吧”这样的歌词给人强烈的冲击力。

其他值得关注的泰国艺术家有哪些？

你知道吗，在泰国最大的音乐制作公司G“MM”GRAMMY（格莱美）里也有日本人在工作哦。他就是五年前进入格莱美，至今依然从事音乐工作的DJ MA，他也是第一个与泰国人组团登上乐坛的日本人。

DJ MA致力于推出受人关注但没有进入日本市场的泰国艺术家。第一个就是2008年夏天获得排行榜第一名并趁势走红的四人乐队“NOLOGO”。“在这几个音乐人的作品中融入了很多泰国没有的音乐元素，谈到泰国处于时尚前沿的音乐或风格，那就是他们了。”下一个必须提及的是达·安德鲁芬（Da Endorphine）。女性声线的达的歌声会给听众的心灵留下独特又具有冲击力的感受。DJ MA对她有很高的期望：“她虽然年轻却是个地地道道的实力派，是个具有发展潜力的艺术家。”这次DJ MA介绍给我的两组音乐人，我非常喜欢。如果去泰国，我要买他们的CD来听。一定要听他们吸引人的活力无限的声音哦。

DJ MA在曼谷从做DJ开始，他是2003年进入格莱美组成说唱组合“MAF”后第一次登上乐坛。现在帮别的歌手作曲和编曲。

我曾遇到过一本一边读一边让我内心忐忑不安的书。这本书就是集作家、编辑、剧作家、评论家、插图画家、摄影师等各种身份于一身的艺术家普拉普达·宇（Prabda Yoon）所创作的随笔《座右的日本》。在这本书中，作者通过文章挖掘出很多日本人都没有注意到的日本的魅力。他的视角冷静又饱含感情。所以身为日本人的我会在读的同时陷入被人劝导的错觉中。"和泰国在宗教观和家庭观上有许多相似之处的日本，对于泰国人来说，是一个很容易融入其文化的国家。但是，我的这本书摆脱了以前对于日本的千篇一律的思考方式。"说这句话的普拉普达从很早开始就非常喜欢并熟知日本的电影和文学。"作家中我喜欢三岛由纪夫和谷崎润一郎，电影方面我喜欢小津安二郎导演和敕使河原宏导演的作品。"普拉普达是个有着质朴趣味的人，他喜欢描写

普拉普达·宇

日语读本

《座右的日本》
文章中介绍的随笔，充满了对日本的理解、好奇和感情。这是受日本人关注的一本书。

《在镜中细数》
这是一部从泰国已出版的短篇集中，针对日本读者精选出12篇短篇的集子。其中包含荣获"东南亚文学奖"的作品。

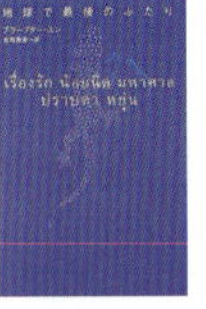

《地球上的最后两个人》
浅野忠信主演的同名电影的原著。讲述了一个居住在曼谷企图自杀的日本青年和一个无依无靠的泰国女人之间的爱情故事。

人内心深处部分的故事。“我所喜欢的包括日本在内的外国电影，基本上都是老片子。（笑）”

走访曼谷市内，有很多地方会像普拉普达·宇（Prabda Yoon）那样给人一种“传统的曼谷”的感觉。“我不论看到什么都是一样的情况，那就是比起新东西我更喜欢有个性的古旧街道、商店、房屋。”“萨奥珍迦（斯塔陀寺前的大牌坊）周边就有这样的景色，朴素又沉静，在那里可以感受到人们生活的气息。”

因为重视泰国自己的文化，普拉普达·宇在描写日本等外国的视点上一定有其坚定不移的地方。听了普拉普达的话，我也很想置身于他所说的原汁原味的街道之中。★

我想感受人们生活的气息。

韦斯特·朋尼米特
急切地等待着《肌肉男》的发售日
我喜欢的超人是 Sunshine。

虽然画风清新，却给人一种痛苦的感受……但是最后又给人以温暖的梦。泰国漫画家韦斯特·朋尼米特（Wisut Ponnimit，通称为塔姆）的作品中就有这样的魅力。

用日语创作漫画的塔姆从小时候开始就阅读日本的漫画。

“安达充是对我有很大影响的漫画家，我还是小学生的时候，就和朋友们一起看《肌肉男》和《足球小将》。”在几乎同步翻译引进日本漫画的泰国，很多人都可以和日本人在同样的时间阅读同样的漫画。“每一周我都急切地盼望着《肌肉男》开始发售的星期一。大家用肌肉男人偶玩战斗的游戏。我呢，喜欢那个叫 Sunshine 的超人。”塔姆对这些漫画一定比我熟悉（笑）。他们还在校园里模仿《足球小将》，一起练习足球。对于男孩子来说，虽然国籍不同，但是因为阅读相同的漫画，便可以在一起游戏。

“我想日本人应该很辛苦吧。在繁华的城市里要穿得时髦才行，而在曼谷大家都按照自己的步调生活，过得很快活。（笑）日本人总是考虑对方，我时常担心那样不累吗。这样的差别很有意思。所以我也很喜欢那些描写日本的事情和日本人心理的漫画。”亲近日本的塔姆所描绘的“日本”，温和却包含一丝苦涩。就像 160 页上刊登的最新漫画作品带给人的感受一样。★

塔姆的主要作品

《布兰珂》

描绘了一个温柔可爱的女孩子布兰珂和周围人所在的奇异的、温暖的世界。父母亲不在的时间里，她会悄悄地慢慢长大。

《塔姆和怡芬》

这是一部表现塔姆两年半的日本生活，关于他的所见所感的漫画作品。日本读者一定会被他敏锐的视角和信息性很强的内容所吸引。

▶ 塔姆推荐的水上市场 P.156　塔姆的最新漫画作品 P.160

走进泰国佛教，一次灵魂体验

漫步于曼谷街头，寺庙和祠堂随处可见。和日本人一样，泰国人也经常祈求神灵的保佑。身处在双手合十的泰国人中进行祈祷，心灵会变得纯净起来。

全程零距离体验“行善”活动！

“行善”的必要物品

❶ 桑卡坦（“行善”套装）橙色的桶或袋子里装着僧侣的日常用品、食物、袈裟等物品。超市、市场、寺院中有售。一套大约300泰铢。

❶ 蜡烛、线香、莲花 这些东西在寺院里有售。拜佛时必需的基本物品。双手合十的时候，将线香和莲花夹在两手间进行参拜。一套大约20泰铢。

“行善”的索姆比特

泰国人的习俗——行善积德

身为佛教徒的泰国人经常去寺院，那么他们在寺院里都做些什么呢？和泰国朋友一起去“行善”。

“行善”对佛教徒的泰国人来说是非常重要的习俗，他们通过布施和资助等善行积累德行。其中，向能够听僧侣宣讲佛法的寺院布施或者通过化缘来行善是最常见的形式。向在寺院中生活的僧侣布施的日用品等都是成套包装好的（桑卡坦），我们带着这些东西进入寺院。

相信轮回转世的泰国佛教，通过积累功德以求得更好的来世。朋友邀请我一起去行善，并对我说：“我们在现世是好朋友，前世一定就是兄弟哦。”虽然行善的次数因人而异，但是每月有四次佛事活动日，还有自己的生日以及想要除厄避灾时都要去行善。行善是一种日常活动，其中深深地浸透着佛教的教义。

这次，朋友索姆比特带我去的寺院紧邻着 BTS 萨伊亚姆站附近的百货公司萨伊亚姆帕拉宫，名字叫做瓦特·帕托姆瓦纳拉姆（Wat Pathumwanaram）。它虽然坐落在市中心，却出乎意料地静谧，让人感觉很安宁。借着这个机会我也走进佛教，接受来自佛祖的恩惠。★

向寺院布施：在几个选项中选择希望布施的钱如何使用，并填入金额。

向僧侣布施：献上装有僧侣日常用品和袈裟的桑卡坦（行善用套装）。

垂水：向专用的容器里注水，祈祷积累的功德能够传达给逝去的家人和祖先（功德传递）。

僧侣抛洒圣水：有幸被抛洒上圣水就能驱除厄运。

与僧侣对话：结束后，合掌与僧侣交流。在闲聊中获得启示。

瓦特·帕托姆瓦纳拉姆（Wat Pathumwanaram）

区 B2　行 萨伊亚姆帕拉宫旁边。从 BTS 萨伊亚姆站步行 5 分钟。

安拉旺普姆（Erawan Phum）

区 C2 行 行 从 BTS 的岂特罗姆站步行 2 分钟。位于拉玛一世大街和拉恰达姆里大街的交汇处。

能让愿望实现的参拜地

并非因陷入困境而求佛祖保佑，试着停下脚步双手合十，或许心中深藏的愿望就能实现。

你的内心深处藏着什么愿望吗？有没有为想要实现它而感到烦恼？如果有的话，那就到祭祀神灵的祠堂去吧。

泰国最有名的神灵就是紧邻着 BTS 岂特罗姆站的安拉旺普姆。从“生意兴隆”到“中大奖”这样有点俗气的愿望，无论是什么样的愿望，这里的神灵都可以帮你实现。从早到晚，在这里祈愿的泰国人络绎不绝。

还有一个地方，很适合在感情上有烦恼的朋友去。那就是位于拉恰达姆里大街的伊势丹前面的普拉托利穆拉提。据说星期四晚上九点半在这里祈愿，感情就会顺利，这里的神灵作为爱情之神特别受女孩子的青睐。在露天摊贩那里买来带有玫瑰花环、红色线香和蜡烛的祈愿套装，一起来进行祈祷吧。你殷切的愿望将一定会实现的。★

普拉托利穆拉提（Phra Trimurati）

区 C2 行 从 BTS 岂特罗姆站步行 5 分钟。位于中央国际购物广场的伊势丹的前面。

目 录

介绍六个主要地区

曼谷，是什么样的？

在时间有限的旅行中，最重要的就是高效率地进行参观。我想事先告诉大家各个地区的特点以及游玩方法。让我们一起来了解不同地区都有些什么，然后制定出旅行计划！

曼谷虽然是首都，却不是一个规模庞大的城市。因为集中着商店、景点的地区的百分之八十都有 BTS（曼谷大众运输系统）或地铁（MRT）通过，所以不会被交通堵塞困在路上，出行非常方便。如果乘坐出租车往来于曼谷市内主要城区之间，不堵车的话需要大约 30 分钟，花费不超过 150 泰铢。实际上曼谷市内都是些布局紧凑的小街道。

然而，曼谷非常有意思的一点就是每一个城区的街道都有着不同的风格和特点。有东京那样大都市的时尚地区，也有远离喧嚣的怀旧风情的地区……从下一页开始，在对各个地区的介绍中，因为刊载了标注有本书介绍的商店地址的地图，所以哪里有什么样的店铺一目了然，对你制定旅行计划会有一定帮助。★

苏克姆比特

这里酒店和公寓林立，是曼谷外国人人口密度最高的地区。虽然同处在苏克姆比特大街上，但是不同的小路却有着不同的风情。

按摩院、货币兑换所、餐馆、土特产商店等对外国人来说必不可少的店铺都集中在这里。

这里是酒店最集中的地区。以前有很多外国人在这里生活，所以这里是拥有各国餐厅的美食区。在小路 24 号～ 29 号附近，有很多面向日本人的超市、按摩院和美容院。

因为 BTS 有一条苏克姆比特线路，所以在苏克姆比特区内可以乘坐 BTS 出行，到购物区萨伊亚姆也有直达车，非常方便。这里还有众多的餐厅，所以我身边很多人都决定在这里投宿。

我所介绍的六个地区中苏克姆比特是面积最大的一个，这里最热闹的地方要数有很多时尚俱乐部和酒吧的小路 11 号、集中了百货商店和按摩院的 BTS 普隆蓬站周边、曼谷首屈一指的美食街同罗以及近来增加了很多夜生活场所的艾卡玛艾。酒店都集中在那纳站和阿索克站附近。★

Th. Petchaburi
Cheap Charli
Gazebo
TAPAS CA
Phloen Chit
Nana
Soi 11
Soi 15
Sheraton Grande Sukhumvit
Aso
Th. Witthayu
Chalerm Mahanakhon Expressway
LongTable
Suan Lum Night Bazaar
MOKU FOOT
Lumphini
Th. Rama 4
Khlong Toei

1

RCA
本大使馆
nbassy of Japan
Soi 39
Th. New Petchaburi
Shades Of Retro
Soi 21
TUBA
Divana Spa
oi 25
VILLA MARKET
Je Ngor's Kichen
Soi 55 (Soi Thong Lo)
Sukhumvit Soi 63 (ekamai)
Phrom Phong
NaRaYa
mporium
GAARAN
Soi 26
Soi 22
Soi 24
Thong Lo
entre
herb association
BTS (Bangkok mass Transit System)
Ekkamai
Sooi ChaingMai
Th. Sunkhumvit
Th. Rama 4
Th. Thangrotfai Kao Sai Paknam
Phra Khannong

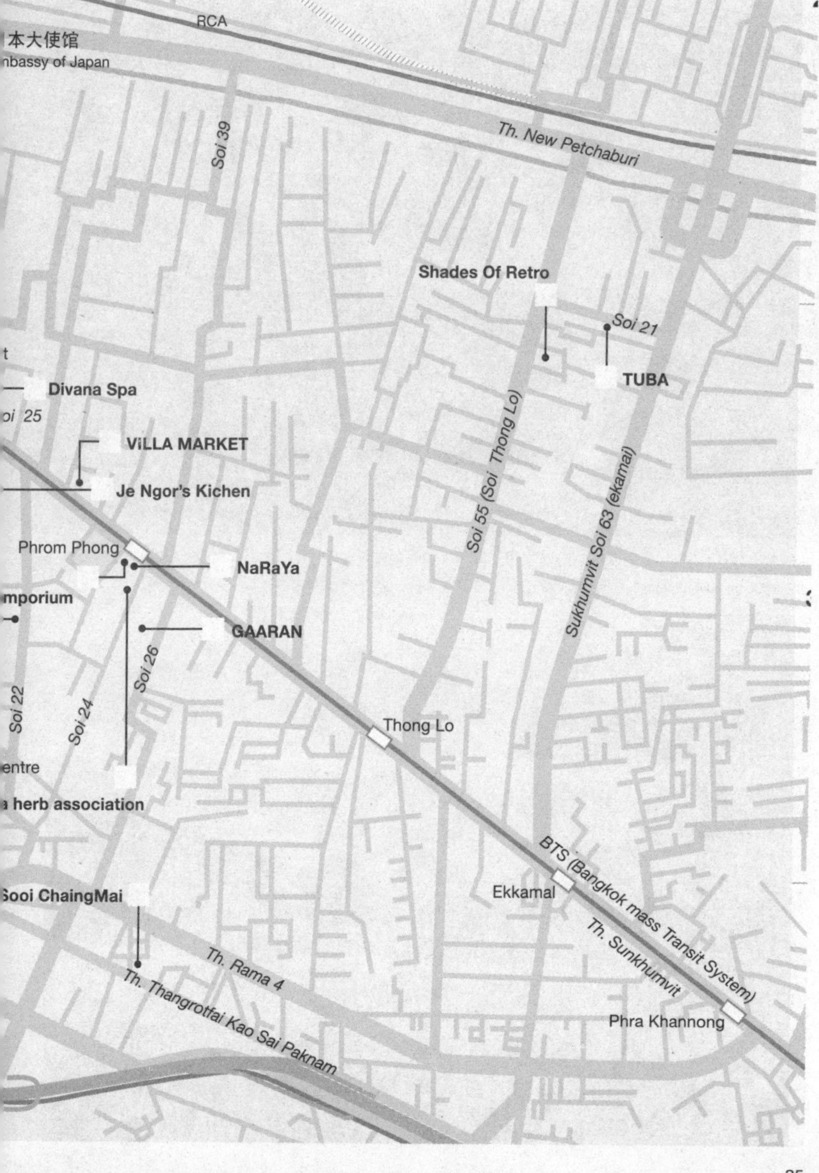

萨伊亚姆广场上有很多面向少男少女出售时装、鞋子和首饰的商店。附近有号称“泰国的东京大学”的朱拉隆功（Chulalongkorn）大学，很多购物和约会的学生聚集于此，所以特别热闹。

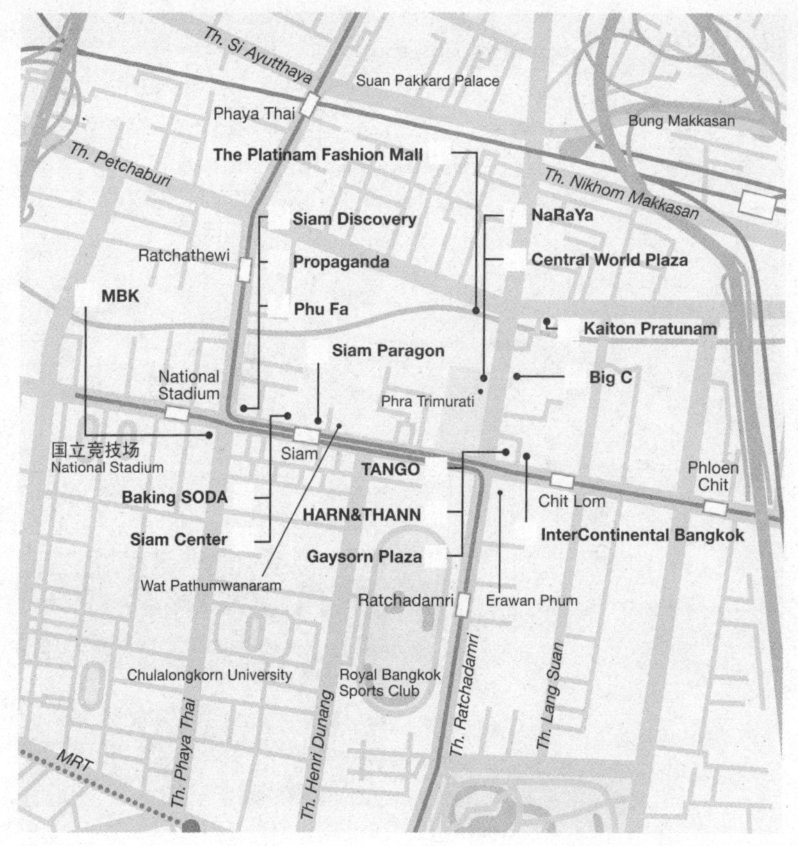

萨伊亚姆

2

从便宜又可爱的物品到想要一生珍藏的奢侈品，一应俱全的购物天堂 SIAM 是流行的发源地！

说到曼谷的时尚购物区那一定就是萨伊亚姆了。从 BTS 萨伊亚姆站下车后便可以看到北侧坐落着萨伊亚姆帕拉宫、萨伊亚姆中心、萨伊亚姆探索世界以及许多高级的百货商场。曼谷市内同时还有电影院、水族馆等，一到休息日大街上便到处是全家一起出行的泰国人。因为各个地方都由道路和广场联系在一起，所以出行很便利。从萨伊亚姆站下车，南侧是挤满二十几岁年轻人的萨伊亚姆广场。这里有出售最新流行但价格低廉的时尚品的商店，也有专门进口外国商品的精品店。这里被称为“曼谷的原宿”，不仅仅是商店，从来来往往装扮入时的年轻人身上就能看出来，他们每个人都像从时尚杂志中走出来一样光鲜亮丽。想要了解曼谷流行趋势的人，第一站就要来这里哦！★

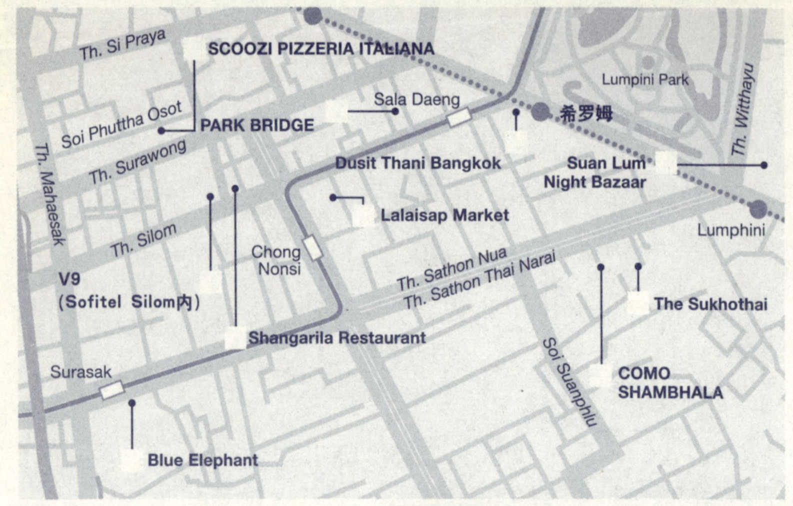

希罗姆区的地标是CP塔。它的一楼是麦当劳，在这里和朋友会面非常方便。

希罗姆——萨同

沿街耸立着高层建筑，穿着套装的人们往来于其间……白天这里是一条商业街，天一黑不知从什么时候开始就摆满了路边摊，霓虹灯闪烁不停。白天和黑夜呈现出两种完全不同的景象。

3

BTS的萨拉丁站周围是商务区，因为有很多附近的上班族经常光顾的饭馆和餐厅，所以这里也是一个著名的隐蔽美食区。白天可以去那里品尝面条、盖浇饭等便宜又美味的泰国食物。一到夜晚，世界闻名的娱乐街帕蓬大街上霓虹灯闪烁，路边摆满出售特产的小摊，很多外国人都接踵而至。售卖的商品虽然比别处略贵一些，但是如果想要享受一下庙会那样的热闹气氛，晚上到这里来散散步还是不错的选择。

与之平行的萨同大街上有许多世界著名的公司、金融机构的大楼，和希罗姆相比，这里是一些更高级的商务区。从地铁伦比尼站附近并排的几家五星级酒店步行便可到达苏安卢姆夜市和希罗姆。★

4

岂特罗姆——普拉托纳姆

如果你觉得萨伊亚姆那儿卖的东西太过年轻化，那就去岂特罗姆的百货商场吧。想要淘到物美价廉的东西，那就去普拉托纳姆。

岂特罗姆是成年人集中的购物区。从萨伊亚姆的下一站岂特罗姆步行5分钟的范围内就有三座大型的百货商场。走进这个区首先进入眼帘的便是，以其巨大玻璃外墙给人留下深刻印象的中央国际购物广场，这是一个同时设有伊势丹和ZEN的庞大的综合购物区。盖伊森购物广场和中央百货公司（通称“中央岂特罗姆”）因直接与车站相连通，所以到达那里非常方便。这两家都是泰国有钱人最常光顾的商场。

顺着中央国际前面的拉恰达姆里大街向北走，便是云集了来自世界各地购物者的普拉托纳姆市场，附近还有普拉提纳姆时尚大卖场，在那里可以买到便宜的衣服和鞋子。总之，这里的店铺数不胜数，想找到自己中意的东西还是有点困难，但是我很喜欢去那里体验寻宝探险的感觉，所以经常去。★

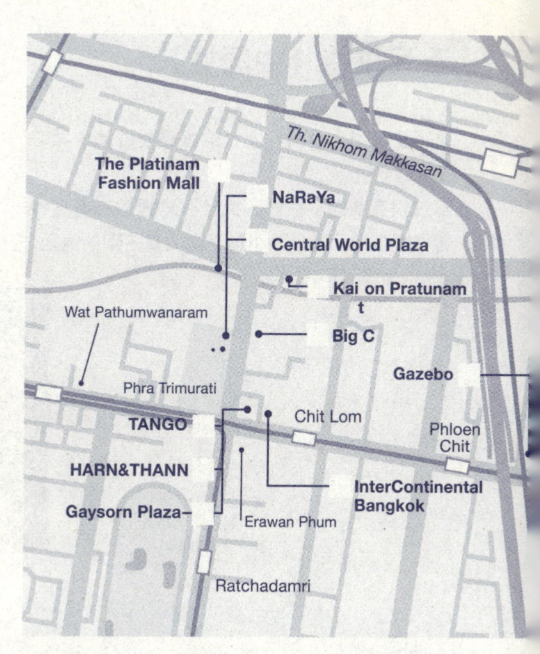

这个地区附近有百约克斯伊特和艾米丽等旅行团经常入住的中级酒店。

华郎朋站向西延伸开去的是叫做亚瓦拉特的中国城。来到这个地区，相比泰文招牌，汉字书写的招牌比比皆是，中餐馆也相当多，众所周知的是，其中很多餐厅都以鱼翅和燕窝为招牌菜，但是价格有些昂贵。晚上十点过后可以去路边摊，在那里可以吃到超级便宜的鱼翅和燕窝。

从亚瓦拉特向西走，就可以看到有很多饰品批发店的桑朋兰市场。再向西走，就到了印度人区的帕夫拉特市场。

各处出售的商品不尽相同，但是不论是哪里，都给人一种远离了现实回到了50年代的错觉，似乎还残留着曼谷旧日的风情。信步于此欣赏沿街的风景也是相当愉悦的。

亚瓦拉特（中国城）

5

这里是香港？台湾？不，这里是曼谷的中国城亚瓦拉特。
不仅仅有黄金、鱼翅。为什么这里散布有各种各样的市场？这是一个靠平民力量主宰的地区。

左右两边奢华的招牌全部都是经营黄金（24K）制品的商店（金行）。华人普遍会将财产兑换成黄金制品。

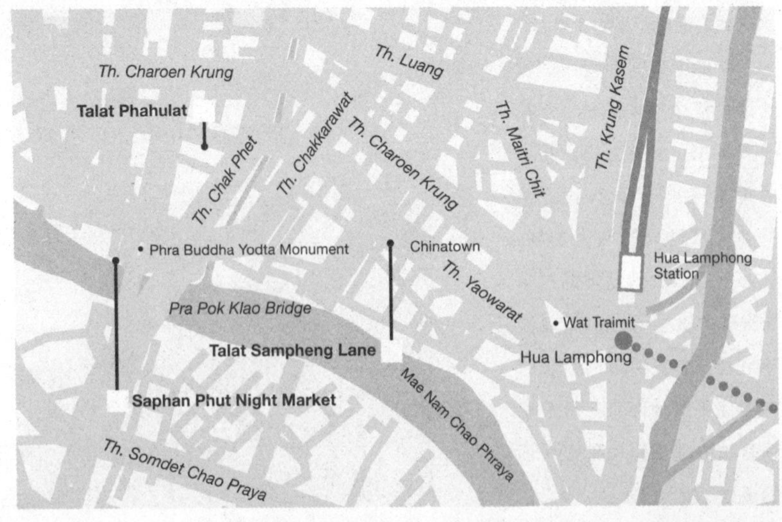

王宫——卡奥桑

必去一次的固定观光景点——三大寺院！
走几步路就到了背包客的圣地、嬉皮风购物地的卡奥桑。来到泰国一定想去看一次的三大寺院（翡翠寺、涅槃佛寺、拂晓寺）和王宫都在这个地区。眺望湄南河对岸拂晓寺的风景，你就会切身地感觉来到了曼谷。

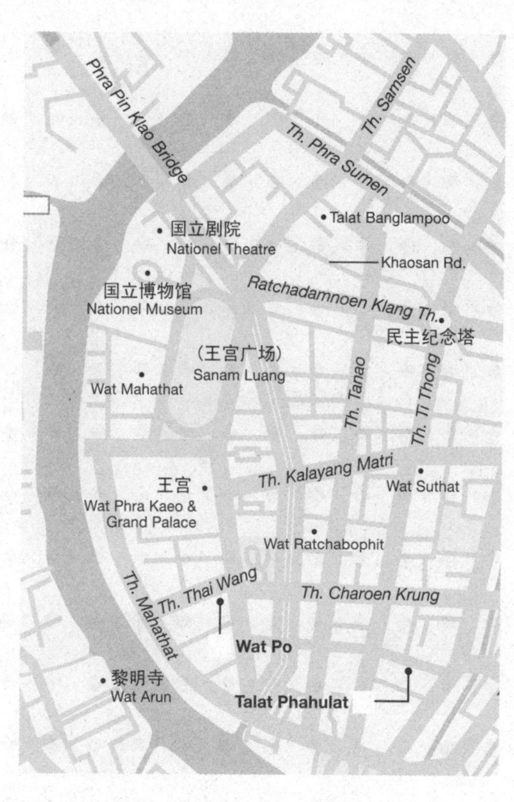

卡奥桑大街沿路有低价旅客之家以及办理飞机票的小型旅行公司，出售特产和服装的露天摊。

不远的地方是卡奥桑大街，因为那里聚集有称为“旅客之家”的低价旅馆以及办理超低价飞机票的小型旅行代理店，所以号称是“背包客的圣地”。沿街还有露天摊、流动摊点以及泰国的老式按摩店，价格要比曼谷市中心的便宜。因为这里聚集了很多背包客，所以价格定在这个档次上。这里的很多店铺都会营业到很晚，那些白天观光晚上想要买特产的朋友可以到这里逛逛。每当夜幕降临，酒吧、俱乐部就会相继开始营业，这里又变成了夜生活的不错去处。★

吃

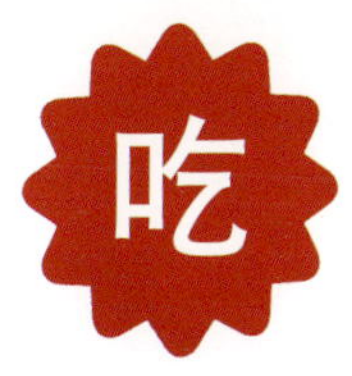

即使住在漂亮的酒店里，
也想去路边摊品尝美味。

Eat in Bangkok

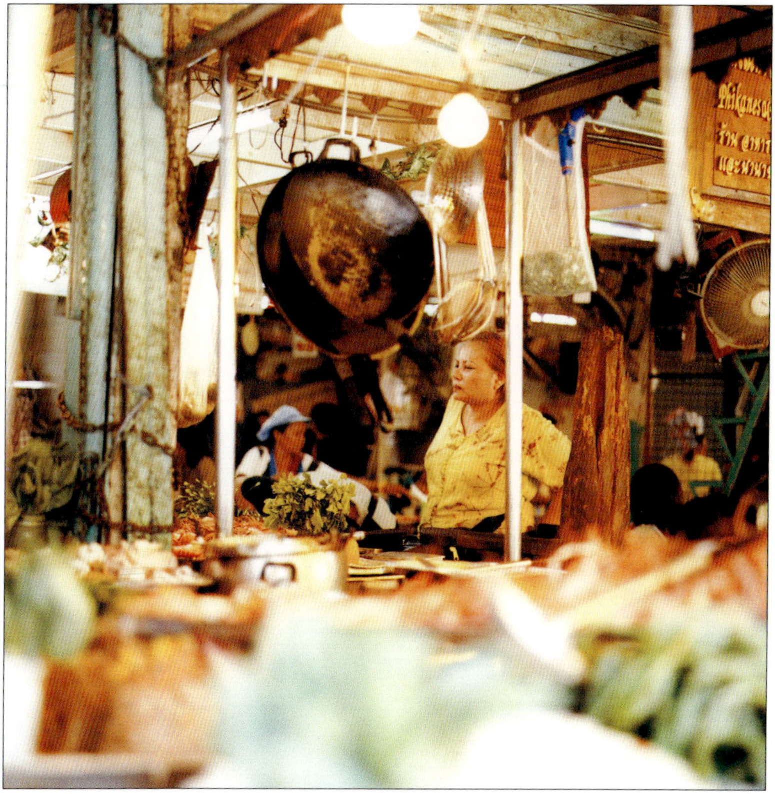

去了泰国一定要吃这个！了解泰国人日常吃的“面”

对泰国人来说，面条和米饭并列为他们的日常主食。你几乎不会遇到讨厌吃面条的人，那可是人人都爱的食物。面食便宜、快速、美味，是老百姓的快餐。我在泰国居住期间每天一定会吃一次面条。由于泰国的面食在面、汤、餐具的种类和有无汤等方面有很细致的区别，变化多样，所以即使每天吃也不会感到厌烦。最能够左右面食味道的是汤的味道。下面介绍三种基本的汤。

清汤

这种是在路边摊最常见的无色的汤。汤汁由鸡架、牛、猪、虾等熬成。味道清淡而自然，很适合日本人。第一次尝试泰国面食的人可以从这道面食开始。

深色汤

这款汤颜色稍微有点黑。因为汤中滴入了猪或牛的血。很多人都会为加入猪血或牛血感到吃惊，实际上那里面只有一点点。也正是因为加了一点点动物血，味道才更加浓郁，面身也带上了浓浓的汤汁味。

粉汤

粉红色的汤！用红米的发酵品（红腐乳）上色，呈现出一种令人吃惊的鲜艳的天然色。味道是酸甜和咸混合在一起的复合口味。有些外国人喜欢吃，也有些

人不喜欢吃，但是在泰国人中可是很有人气的一种食物。

各种汤的颜色和味道都不相同，它们浓郁的颜色和特别的味道会带给你强烈的刺激。对于一些特别的味道，很多人一开始并不能接受，但不知从何时起开始能吃下去了，之后甚至会非常喜爱。先从正统的深色汤开始，等渐渐习惯了再挑战一下其他颜色汤汁的面条如何？★

最受欢迎的是细面！欢迎走进泰式拉面的世界

面条的种类有以下三种

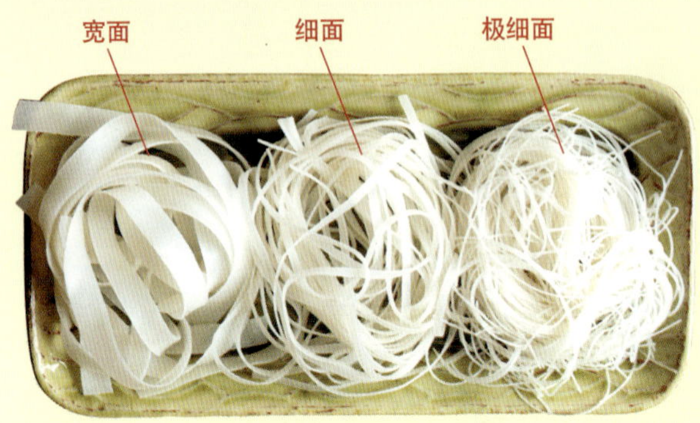

用大米粉制成的面条有三种。像米线一样的是极细面，2～3毫米宽的面是细面。扁平状的是宽面。点餐的时候要说明是哪一种面，以及有汤或无汤。有汤汁的叫做汤面，无汤汁的叫做干面。例如极细面带汤汁的就叫做“极细汤面”，细面无汤汁就叫做“细干面”。

有汤汁？或者无汤汁？

细汤面

有汤汁的称为汤面。尽情享受面店“特色汤”的美味吧。如果你是第一次尝试，我推荐正统的汤面。

细干面

没有汤汁的称为干面。没有汤汁，亲手调制，让调味料（下一页图片）和面身充分搅拌在一起。

泰国人在点餐时会根据自己的喜好提出细致的要求。在日本顾客也会提出各种要求，例如说“把叉烧换成腌鸡蛋”或者“配菜少点面多些”等等。一般情况下在日本，如果你提出菜单以外的要求，店家会以“没法提供”拒绝你的要求，这会让人有些失望，而且吃面的时候还有各种约束。

然而在泰国，店家会听取顾客的要求。好不容易来一次，何不试着模仿一下泰式老练的点菜方式呢？事先充分了解好面的种类、汤的有无、基本调味料的使用以及烹饪技术就可以做到！

首先从上面图片介绍的三种面中选出自己喜欢的一种。如果无法沟通，用手势告

辣也好甜也好，自己说了算

根据自己的喜好亲手调制是泰式拉面的一种吃法。在泰国的路边摊或餐厅，无论哪里都一定备有这四种调味料。

鱼露
这是一种泰国的海鲜酱油。感觉味道有点淡时，先加入这种调味料。也有添加了切碎的泰国朝天椒的鱼露。

砂糖
缓和辣味，同时使汤汁的味道更加浓郁。放多了会变甜，一次添加一点就好。

辣椒粉
将干辣子磨成粉末状的调味料。比日本的辣很多，所以还是少放一点好。如果放多了就会辣得不能吃了。

辣椒醋
将切碎的辣椒放进醋里腌制而成。想要品尝酸酸辣辣的味道时可以添加这种调味料。不想吃辣的人就不要将辣子一起添加。

还有黄色的面“巴米”！

巴米干面
巴米是用鸡蛋和面粉制成的黄色面条。味道和口感很像日本的拉面。巴米也有汤面和干面两种。

询问 50 名泰国人，最喜欢的面食是这个！

面食	人数
细面	21 人
巴米	10 人
宽面	7 人
极细面	6 人
粉丝	4 人
乌冬	1 人
不吃面食	1 人

除去不能吃面食的人，剩下的都是经常吃并且很喜欢面食的人。喜欢细面的人最多，喜欢吃巴米的几乎都是男子。我最喜欢的也是细面。

诉对方也可以。接下来决定要不要汤汁。“有汤”用泰语说就是“那姆”，“没有汤”就说“海恩”。如果什么都不说，一般情况下端上来的就是汤面。如果在路边摊吃面时，玻璃盒子里的配菜有自己不喜欢吃的，可以用手指着你不想吃的食物说“玛伊萨伊卡”（男性则要说玛伊萨伊卡普）（请不要放进这个）。令人意外的是，有很多人都不喜欢吃香菜。他们只说一句“玛伊卡伊帕古奇（泰语的香菜）卡/卡普”，店家就会将香菜从他们的食物中取出。无论你提出多么细致的要求，摊主大婶都不会露出不悦的神色，她总是笑容可掬地为顾客做出美味的面食。★

虽然面量很大，但是面条是一根一根的，酱汁的味道充分地渗透了进去！只要尝一次，你就会疯狂地喜欢上这个味道。

啊！？没有面的炒面是什么？……
多加花生是最常见的吃法

在泰国料理中，几种调味料放在一起，能起到平衡甜、辣、酸、咸这些味道的重要作用。

在日本仅次于酸辣虾汤的泰国料理就是有名的泰式炒面。在泰国这是一种可以在路边摊或是大排档尽情享受的深受大众喜爱的食物。在曼谷市内数不胜数的泰式炒面店里，只要是地地道道的曼谷人没有人不知道，最著名的泰式炒面专卖店就是“提普萨玛伊”（通称普拉托比泰式炒面店）。这家店创业40年以来始终不变的口味一直深受当地人的喜爱。有些人特意驱车前来只为吃一口这里的泰式炒面。创始人萨玛伊氏的女儿告诉我，如此受欢迎的秘密就在于“提普萨玛伊秘传的调味汁和面的独特之处”。

在锅中翻炒面条时迅速加入的红茶色的调味汁，是用虾头和泰国香草一起炖煮而成的。虾头中含有虾黄，因此做成的调味汁也别具一番浓郁的风味。

接下来为了让酱汁和面身充分地搅拌在一起使味道达到最佳，还要对面身进行处理。创始人的女儿介绍说：“一般的泰式炒面使用中细的干面，但我们不用那种，我们

大锅制作的是 3 ~ 4 个人的量，厨师一口气做一大锅真是用尽了全力。顾客络绎不绝，厨师要这样一直做下去，非常辛苦……

用的是一种叫做‘三浆’的面。首先将中细面放在水里浸泡一会，再将它完全晒干，二次晒干的面就是‘三浆’。”如果浸泡和晾晒都不充分的话，味道就不可口，因此制作‘三浆’面是一项很辛苦的工作。看到此，你还不去好好享受一下秘制酱料和“三浆”面组合出的完美味道吗？★

泰式炒面（无面）

新奇！泰式炒面却没有面！？仅仅用泰式炒面的配菜却做出同样的味道。60 泰铢

泰式炒面（有面，盖蛋饼）

类似蛋包炒面的泰式炒面。想要品尝秘制酱料的人一定要试试这个！60 泰铢

因为地址不好找，所以请向司机出示“พาไปส่งที่ ร้านผัดไท ประตูผี ถ.มหาไชย ใกล้ปั๊มเอสโซ่”

创始人萨玛伊氏的女儿

提普萨玛伊

Thip Samai

区 A2 地 313Mahachai Rd.,Samranrat Pranakorn

☎ 0-2221-6280 营 17:00-03:00

行 乘出租车时告知司机去“马哈恰伊大街的普拉托比泰式炒面店”即可。

吃过十几家鸡肉饭，还是这家最好吃。

标志为粉红色的制服
吃得饱饱的鸡肉饭

当地人可以根据自己的喜好点“没有鸡皮”的鸡肉饭或者“没有黄瓜”的鸡肉饭。

起源于中国海南岛的鸡肉饭也是深受泰国百姓喜爱的平民美食的一大代表。如果问泰国人“哪里的鸡肉饭好吃？”，对方一定会回答说“桃红色鸡肉饭店”。因为店员的制服都是桃红色，所以大家都称这家店为“桃红色鸡肉饭店”。这家店的正式名称为“卡伊通普拉特纳姆”。

鸡肉饭就是在用鸡汤蒸的米饭上放上事先煮好的鸡肉这样一种食物，吃的时候伴着味道鲜美的汤汁一起下咽。“汤汁起到主要作用，米饭松软热乎”、“肥瘦适中的鸡肉”、“麻辣鲜香的作料汁”，三大特点合而为一，准确地说，那种美味是扑面而来的。

鸡肉饭的价格适中，一盘只要30泰铢，你也可以单独要一份鸡肉（一盘约40泰铢）。面对如此诱惑的美味，早就忘了减肥的事，再要一份鸡肉，统统吃掉。

白天到这家店来，随时都是客满，店铺门前也常常坐着吃饭的客人。等不及的人不妨晚上客人少时，喝过酒之后顺路过来。就和日本的“酒后吃拉面”一样的感觉，酒后吃一份鸡肉饭也相当美味哦！★

Kaiton Pratunam

区 C2 地 Soi Petchaburi30,New Petchaburi Rd. ☎ 0-2252-6352 营 05:30-15:30/17:00-03:00

行 从岂特罗姆站顺着拉恰达姆里大街向普拉托纳姆方向步行。从与裴普利大街的交叉点向右转，前行约300米路的右侧。

没有一点休息时间，店员一直忙着剔鸡肉。因为订单不停地增加，面前的盘子很快就没有了。

白天在附近工作的上班族总是将小店坐得满满当当。鸡肉饭的热量虽然很高，但是没人能抵挡这美味的诱惑。

这就是考索伊面（40 泰铢）。配菜可以从鸡肉、牛肉、猪肉三种中选一种。最受喜爱的是鸡肉考索伊面。

北泰国的名小吃咖喱拉面
可以吃到“考索伊面”的店

你吃过“考索伊面”吗？掺和了鸡蛋的面条被炸得非常松脆，然后泡在用椰汁做的咖喱味的汤里，配以切成块状的红洋葱以及腌菜，这可是泰国北部城市清迈的一道有名的农家饭。如果再加点鲜榨的酸橙汁就更加美味了！很多人吃过一次就会疯狂地喜欢上。

我的丈夫断言说：“考索伊面是泰国料理中最好吃的。”每次我去泰国出差，他就拜托我寻找曼谷最好吃的考索伊面店。想要在曼谷找到好吃的考索伊面店可是一件非常难的事，不过最终还是被我给找到了。这是一家正宗的最好吃的考索伊面店，汤的鲜美、口味、辣味完全无可挑剔！当然我也带我丈夫去吃了。实在是太美味（高兴？）了，吃完一碗我们又要了一碗。★

可以选择自己喜欢的配菜适量加入。从左往右分别是酸橙、红洋葱、腌菜。如果不够还可以再要一份哦！

Raan KhaoSooi ChiangMai

区 D4 地 71 Artnarong,Klongtoey ☎ 0-2672-7711 营 09:00-21:00

行 从拉玛四世大街上的易初莲花超市所在的马路的南端向前走一段距离，到了与大马路的交叉点后向左转，在第二条小路的入口处。

除了考索伊面，泰国北部的农家饭也很好吃。上图小盅里的是泰式肉酱，竹笼里的是糯米。泰国北部经常吃的赤米非常珍贵！比一般的糯米味道要香。下图是辣味番茄汁挂面。这些都是清迈特有的原始风味的美食。

咨询泰国料理研究者阿美 日本人喜欢的小菜

只要我和朋友们一起去吃泰国料理，大家就会异口同声地对我说：“大家一起来真好啊！每次只点了基本菜酸辣虾汤和炒空心菜。其他好吃的东西还有很多啊。”当然，在日本被大家熟知的基本菜很好吃，可是对不怎么有名的料理多少感到有些没把握，所以一般不会点。听到人们这样说，我自然会想“符合日本人口味的泰国料理还有很多呢。不要浪费啊。”于是和朋友，泰国料理的研究者阿美，也就是长泽惠小姐谈了一下这件事。

“日本人会喜欢但是不出名的泰国料理还有很多哦。泰国料理经常使用蔬菜和香草，所以基本上是非常健康的。对于想要品尝美味又想减肥的人是非常合适的哦。”阿美这样说道。她是个身材非常苗条的美女！接着她告诉我“虽然不出名，但是符合日本人的口味，泰国料理很健康。”

阿美肯定地对我说：“最近在日本最有名的就是泰式咖喱汁拌面。”用上等粳米粉制作的细挂面上浇有酱汁，还搭配有豆芽和卷心菜等蔬菜。酱汁有很多种，在泰国中部经常能吃到的是用椰汁做基础汤料，里面加入碎鱼肉这样的酱汁。鱼肉和椰汁完美地融合在一起形成一种独特的味道。“搭配的蔬菜可以随便挑选。所以即使没有面了，

泰式咖喱汁拌面

能简单制作的居家食物！在椰汁中加入红咖喱酱和金枪鱼，用锅炖就可以了。面用细挂面也可以。

还可以用剩下的汤汁代替沙拉酱做蔬菜沙拉吃。这是一种可以吃到很多蔬菜的健康食物哦。”阿美自己也经常做这道菜吃。蔬菜不够的时候，这道菜再合适不过了。

另外，作为一道含有丰富蔬菜的健康料理，阿美向我推荐了一种叫做纳慕普利克的泰式蘸酱。其中口味清淡、方便食用的是“纳慕普利克笼露”，这个名称的意思是“乘船”。因为在过去，厨师第一次做这道菜是在船上为拉玛五世做的。“大概是因为制作起来很费工夫，在日本几乎见不到，所以还是去泰国品尝吧！”如果去泰国王宫料理餐厅，一定要点这道菜。

最后要介绍一道和白米饭完美结合的健康料理——“普拉拉姆笼松”。这道菜的名字含有国王沐浴的意思。将煮熟的猪肉或牛肉和煮熟的空心菜拌在一起，再放上一些花生酱即可。“因为肉是煮过的，所以油脂都被清除掉了，非常健康。和米饭是最完美的搭配，非常适合喜欢吃米饭的人。”实际上我还没有吃过这道料理。下次去泰国一定要尝尝。

让我意外的是，泰国料理中竟然还有这些不怎么有名但是日本人会喜欢还很健康的料理。每次都会点的固定的泰国料理也不错，但是下次去泰国一定要尝试一下这次阿美强烈推荐的料理！★

http://www.titcaithaifood.com/

阿美告诉我的有泰国料理教室信息的网站。其中还介绍了在日本可以买到食谱和泰国料理食材的店。

普拉拉姆笼松

这道菜可以用红咖喱酱代替，制作很简单。在椰汁中加入磨碎的花生和酱料即可。用菠菜代替空心菜也没问题。

纳慕普利克笼露

味道并没有看到的那么辣。向口味重的人推荐这道菜。配合炸鲇鱼、腌煮蛋一起吃会更加美味！

泰国东北风味的「伊桑料理」
每天吃都吃不够
酸木瓜沙拉大集合!

卡奥糯

泰国糯米，这是伊桑（泰国的东北部）地区同时也是泰国北部料理不可缺少的主食。轻轻攥成一口大小，和菜肴一起食用。

凉拌烤猪脖

用香草或其他香辛料与碳烤猪脖肉拌在一起的沙拉。与一般的猪肉相比，因为用的是含有脂肪的猪脖肉，所以口感更好。

伊桑香肠

东北地区生产的香肠。将猪肉、发酵米以及香料搅拌在一起，灌制成香肠后再用炭火烤成。其独特的酸味会让人难以忘怀。

泰式酸木瓜沙拉

青番木瓜沙拉。将尚未完全成熟的番木瓜做成蔬菜口感的一道菜。这是伊桑料理的招牌菜，没有这道菜，就不能称为伊桑料理了。

“苏阿隆哈伊”

碳烤牛肉。在泰语中“苏阿”是“老虎”的意思，“隆哈伊”的意思是“哭泣”。因为在烤制的过程中渗出的肉汁就像老虎眼泪滴落的样子，于是命名为“苏阿隆哈伊”。

泰国人问我“你喜欢哪些泰国菜？”，我会回答说“伊桑菜”，几年前如果有人听到我这么回答，一定会笑着说“已经完全变成泰国人的口味了啊”。因为伊桑菜是全泰国最有乡村特色的东北地区的料理。一个外国人喜欢农家菜，还是挺有趣的吧？

很久以前，伊桑料理给人一种到曼谷务工的伊桑人吃的路边摊的强烈印象。但是这些年伊桑人在曼谷获得了公民权，伊桑料理也变得很有人气。现如今，出现了很多环境优雅的伊桑料理餐厅，地道的曼谷人也经常去光顾。

不管怎么说，伊桑料理的招牌菜就是酸木瓜沙拉。将尚未完全成熟的番木瓜用鱼露、大蒜、椰糖等调制而成。我在曼谷生活的时候，每天都会吃这道菜。其他的伊桑料理也会用炭火烤鱼或肉，然后用香草调拌，这种制作方法很健康。这道菜真的是每天吃都不会腻。我的很多朋友都认为没有吃伊桑料理就不算来过泰国。★

泰式火锅作为泰国料理中具有代表性的一种火锅料理非常有名，那么你知道伊桑料理中有一种名字很可爱叫做“丘姆吉姆”的火锅料理吗？有点厌烦容量过大的泰式火锅的日本朋友现在正在变成“丘姆吉姆派”呢。

伊桑料理一向被定义为农家菜，所以比起餐厅，在食堂或是路边摊更常见到伊桑料理的身影。在炭火上架一口锅，里面是用柠檬草、青柠檬叶等香草熬制的汤，还有肉、白菜、空心菜、粉丝等配菜。你可以吃到很多蔬菜，同时大量的香草对美容和健康也很有好处。

位于 BTS 比克托利莫纽曼特站附近的朗纳姆大街因聚集有很多卖伊桑料理饮食摊或食堂而闻名于世，在那里能够经常看到卖丘姆吉姆的店。过去，朗纳姆大街上有一个公共汽车北站，往东北地区发长途大巴，于是那里出现了很多伊桑料理店。

朗纳姆大街上最受欢迎的伊桑料理店是“泰达伊桑”。十多年前我问泰国朋友有没有泰式酸木瓜沙拉和丘姆吉姆做得非常棒的店，于是他带我去了泰达伊桑，现在我已经成了那里的常客。虽然曾经尝试过别的店，但是最终还是回到了这里。以前这家店很有地方特色，客人也都是泰国人，近来经过重新装修后店里变得更加明亮，即使第一次光顾的客人进到店里也会觉得很舒服，店里的客人百分之三十都是外国人。味道当然和以前一样没有变化。

肉类有猪肉、牛肉、鸡肉可供选择。如果和泰国朋友一起去，基本上每个人都会点猪肉。还可以再点一份生鸡蛋，和猪肉拌在一起放入锅中，味道清淡，特别好吃。★

厌倦了泰式火锅，尝试一下
伊桑火锅“丘姆吉姆”

大多是一家人或一群朋友一起来，店里总是坐得满满当当。没有门窗、墙壁的阻隔，店里给人一种敞开式的感觉，可以在品尝美味的同时充分体验泰国市民的生活氛围。

附送一盘肉和一盘蔬菜，二人份的量共 180 泰铢，这里还有其他的伊桑料理，再点二、三样就能吃得很饱了。

Eida Esarn Restaurant

区 C1 地 1/2-5 Rangnam Rd.,Phayathai ☎ 0-2247-2234 营 10:30-22:30

行 从 BTS 比克托利莫纽曼特站二号出口的台阶下来，前行大约 30 米到达朗纳姆大街，再向左转，继续步行约 50 米，左手边即是。

或许你会想"在炎热的泰国吃火锅？"，但是吃着放有许多香草的火锅酣畅地出一身汗，有很好的排毒的作用！新陈代谢也会变得顺畅哦。

在高级餐厅吃一顿午餐也很不错！
身为女店主的主厨如今技艺更加精湛
进入融合了西餐的泰国料理的殿堂

我一直很想去看看著名的泰国王宫料理餐厅“蓝象”。日本有很多旅游书介绍这是一家高级餐厅，应该有很多人对它望尘莫及吧。以前我也是这样认为的。但是，你知道吗，花 590 泰铢就可以在那里品尝到一顿美味的午餐。虽然吃晚餐有些贵，但是这个价格吃午餐还是可以接受的。

午餐有四种套餐，用可爱的藤制桌子端上来。用香蕉叶或者雕刻成花形的蔬菜进行装饰，只看一眼就能感受到美味了。味道是最重要的，即使是正统的王宫料理的午餐菜式，也能让客人充分品尝到美味，我不得不说“不愧是高级餐厅啊”。

28 年前身为女主人的主厨努拉和她的丈夫（比利时人）一起在比利时开办了这家店。他们做出的食物品质高并且味道正宗，受到了人们的关注，于是以欧洲为中心增开了很多分店，六年前他们终于在故乡泰国成功地开办了这家店。现在他们已经拥有了超过 12 家分店，并且成为世界闻名的餐厅。

我有时会自私地猜想身兼主厨的店主现在大概已经不在厨房忙碌，早已过上了悠闲舒适的生活吧。但是努拉却在厨房对我说“现在正在做咖喱酱，身上会有咖喱的味道，不好意思。”“一个月有一半时间待在曼谷店的厨房里，我是烹饪班的老师，教人学烹饪很有意思。”努拉就是这样一个出色的人，即使有了名气，她的烹饪方式以及对烹饪的热爱都不会变。★

上图是午餐套餐，590 泰铢。左下图是烤鸭肉浇西番莲果酱，右下图是茄子沙拉。这两道是还没有记入菜单的新式菜肴（价格未定）。我把这本书拿给她看，并问她“已经写进菜单了吗？”。

Blue Elephant

区 B4 地 233 South Sathorn Rd.

☎ 0-2673-9353~8 营 11:30-14:30/18:30-22:30

行 从 BTS 的苏拉萨克站 2 号出口出来即到。

最受欢迎的菜式
鲑鱼沙拉和肥鹅肝浇酸角汁。
努拉

华裔泰国人外出就餐的固定去处
像通心粉一样的空心菜

大把黑胡椒和大蒜一起炒成的"黑胡椒炒蟹"，100 克 200 泰铢。大蒜的香味被释放了出来，这道菜非常下饭。

左边是将空心菜切成细丝状的图片。将空心菜切成面条一样细，能带给食客一种愉悦的松脆口感。右边的图是炒好的空心菜丝，100 泰铢。加入大蒜、辣椒、牡蛎调味汁后，用旺火快炒而成。

在曼谷生活的华裔泰国人非常喜欢举家外出就餐。他们会固定去的餐厅是海鲜料理店“格鲁安简科”。店名翻译过来就是“简科姐姐的厨房”的意思。

始创人简科大姐以前经营的不是餐厅，而是一家服装订制店。那时她经常给店里的老顾客展示自己最拿手的料理。大姐告诉我，那时她的手艺得到了大家的好评：“大家都对我说‘你应该开的不是服装店而是餐厅’，于是我开了餐厅。”

如果到这里来就餐，一定别忘了要点的招牌菜有两个。第一个就是黑胡椒炒蟹。“螃蟹新鲜是最重要的。当天购进的螃蟹当天就要用完”，因为以此为信条，全是用新鲜的来烹饪，所以这家店的味道和口感一级棒！要介绍的第二道菜特别受欢迎，有的客人会自己一个人点一份，它就是炒空心菜丝。这道菜用的是一种少见的比普通空心菜硬一些的空心菜，将它纵向切成丝炒制而成。在这里可以品尝到别家没有的味道。★

停车场里经常停满全家来吃饭的当地泰国人的车以及来自香港的旅行团的大巴。

仅仅螃蟹料理就准备了 6 种。喜欢吃螃蟹的人一定要来啊。

创始人

简科大姐

Blue Elephant

区 C3 地 68/2 Sukhumvit Soi20

☎ 0-2258-8008 营 11:30-14:30/17:30-23:00

行 乘 BTS 在阿索酷站下车，从苏克姆比特大街的 20 号小路左转，步行约 300 米，右手边即是。

油炸蛋奶

里面包着奶油的油炸面包，45 泰铢。速炸的面包与里面的蛋奶油还有芝麻三者的奇特组合。

虾饺

虾饺，60 泰铢。饭店经理强烈推荐。馅料的虾肉虽然被捣碎了但是还保留有肉质的弹性，一口就可以吃一个。

蒸墨鱼鲜虾团子

墨鱼和虾肉混合搅拌做成的团子，45 泰铢。没有外皮所以能够直接品尝到食材的味道。

清蒸天鹅形虾球

虾肉团子，45 泰铢。做成天鹅形状、面皮涂有颜色的虾肉团子，怎么看也不像天鹅啊（笑）。

一个人花费约 160 泰铢就可以吃得很好 一起去喝茶吧

曼谷是一个拥有大量华裔的城市。如今他们已经完全融入泰国人的社会，大部分已经不会讲中国话了，但是其饮食文化却在泰国深深地扎下了根。所以，曼谷市内有很多中华料理的餐厅。

以合理的价格就能吃到味道正宗的料理，这在日本驻泰国的工作人员和空乘人员中广为流传。我去泰国的时候每三天就会吃一次中华料理。在日本朋友中口碑最好的是香格里拉餐厅希罗姆总店。

中华料理午餐的固定内容就是饮茶。我把在这家店喝茶形象地称为“一元硬币饮茶”店，也就是说大约花费 160 泰铢就可以吃得饱饱的。每一份的量都很大，所以 2

蒸蛋糕

煎蛋饼，45 泰铢。用煎蛋饼蒸制而成。将煎得暄软的蛋饼再蒸一下，口感会更加绵软。味道有些甜。

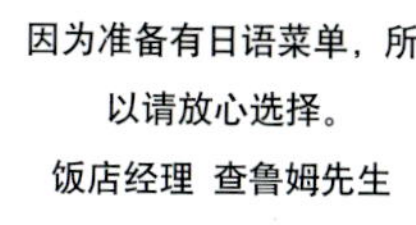

因为准备有日语菜单，所以请放心选择。

饭店经理 查鲁姆先生

蒸蟹球

蟹肉团子，45 泰铢。虽然叫做团子，却是烧麦的形状。和日本的蟹肉烧麦相比，用了完整的蟹肉。

蔬菜蒸饺

什锦蔬菜饺子，45 泰铢。比日本的饺子味道更清淡。馅料用蔬菜制成，所以很健康。

个人点 4 种就足够了。

现在这家店在曼谷已经有三家分店了，让我吃惊的是驻泰日本商人最常光顾的塔尼亚店，比起希罗姆总店价格要高两成！“两家是完全一样的味道，但塔尼亚店因为地处休闲娱乐区，价格就会略贵一些。到这里来的都是老顾客”经理查鲁姆介绍说。按日本人的思维还真是理解不了啊（笑），如果味道一样的话，还是去比较便宜的希罗姆店吧。★

店里去年重新装修过，店里的颜色变得更加鲜艳。如果晚上预约，可以使用包间。这家店可以通过电话预约。

Shangarila Restaurant

区 B3 地 154/4-7 Silom Rd. ☎ 0-2234-9147 营 10:30-14:00/17:00-22:00

行 从 BTS 琼侬希站 3 号出口出来，顺着希罗姆大街步行。在十字路口处穿过希罗姆大街，左转步行 20 米，在右手边。

用桑格利亚酒干杯！欧洲料理
轻松体验简单的泰国氛围

日本人喜欢在喝啤酒或红酒的同时搭配着吃一些菜肴，吵吵闹闹地享受欢乐的气氛。在曼谷如果想要体验小酒馆式的气氛，可以去能够轻松地品尝到西班牙风味小吃和酒的“塔帕斯咖啡馆”。

店主人想在曼谷开一家能够以合适的价位品尝美食和美酒的西班牙小吃店，于是用一年的时间亲自到西班牙学习做西班牙小吃。当时她遇到一位西班牙人主厨，并对他说“我想请你帮我做西班牙小吃”，于是这位主厨跟着她千里迢迢来到曼谷开办了这家充满热情又极具特色的餐厅。

从西班牙来的主厨做出的西班牙小吃，简单不繁琐，有一种让人怀念的味道。店里的环境轻松舒畅，品尝着用各种水果浸泡的桑格利亚酒以及西班牙小吃，和朋友愉快地谈天说地，这里再合适不过了。

晚上有很多上班族光顾，平时因为提供丰富的午餐，所以有很多公司办事处的工作人员的夫人光顾。喜欢喝酒的我也经常邀请朋友来这里享受快乐的时光。最棒的是晚上七点之前，桑格利亚酒买一赠一。★

番茄酱烧肉丸（左上，150 泰铢），山羊奶酪吐司和蔬菜沙拉（右上，150 泰铢），烤萤鱿（左下，130 泰铢）。不愧是来自西班牙的主厨制作的菜肴，可以品尝到正宗的西班牙风味。店里准备了外语菜单，点菜时不会有困难。

微甜的桑格利亚酒和本店的招牌煎蛋饼二者完美地搭配在一起。

经理　阿筠

用马铃薯和洋葱制作的煎蛋卷（100 泰铢）。这是西班牙的知名食品煎蛋饼，不可错过的一道美食。

咖啡馆的装潢很精致。有英语、泰语的菜单，点餐时大可放心。

Shangarila Restaurant

区 C2　地 1/25 Sukhumvit Soi11　☎ 0-2651-2947　营 11:30-24:00/ 周六日 11:30-01:00

行 从 BTS 的那纳站步行 10 分钟即到。从苏克姆比特大街的 11 号小路进去前行 200 米，从一条有美容院的小路左转。顺着小巷前行再右转，步行约 20 米路左侧。

鲑鱼比萨（395 泰铢）。上面铺满了熏鲑鱼，量大到惊人。

如果莫名地特别想吃比萨

你也一定会有不知为何特别想吃比萨的时候吧。这几年曼谷兴起了意大利料理热，意大利餐厅急速增加。应该很少有人想到曼谷旅行的时候品尝正宗的意大利菜，但是如果是日常吃的比萨那就另当别论了。

在曼谷若想以低廉的价格吃到正宗的热乎乎刚出炉的比萨，那就要去苏克吉意大利比萨饼店。在镶着透明玻璃的厨房里，用直接从那不勒斯进口的大石锅烤制比萨。正因为使用石锅才能做出最正宗的味道。如果想品尝多种味道的比萨，可以各点半份两种不同的比萨。店里还有适合吃比萨时喝的啤酒和红酒。我有很多大酒量的朋友，我待在曼谷的时候多次带着朋友到这里来用比萨和红酒填饱肚子。

香蕉幻想（170 泰铢）。只有在这里才能吃到的甜食类比萨。

苏克吉意大利比萨饼店

区 B3　地 174 Suriwongse Rd.Si-Praya　☎ 0-2234-6999

营 10:30-23:00（L.O.22:00）

行 从 BTS 的萨拉丁站步行 15 分钟。乘 BTS 下车后，从帕蓬大街穿行至苏利翁大街后左转，步行约 300 米路右侧。从车站出来要步行，还是乘出租车方便。

墨西哥比萨（315 泰铢）。辣味的意大利蒜肠和洋葱构成其主要味道。

我问店长兼主厨比埃穆斯克美味比萨的吃法，他回答说："要品尝奶酪黏糊糊的口感，就要在烤好后的 12 分钟以内吃。不要让面坯上均匀放置的配菜跑到一边，所以不要用刀而要用手捏着吃。即使是这样味道还是会变的。"也许你会担心被人看到张大嘴吃比萨的样子太难看了，事实上这时候根本顾不上这样的想法，果断地大口吃吧！

每天要烤很多张比萨饼的比埃穆斯克自己也很喜欢大号比萨。工作结束后他会各带半份"四味奶酪比萨"和鲑鱼比萨回家。"里面看不到面坯，上面是满满的鲑鱼，口感非常棒。本想要减肥，但有时会忍不住想吃比萨……实在是太喜欢了，干脆就什么都不考虑放心地吃（笑）。"我想他做的比萨一定包含了他对比萨满满的喜爱，所以才会那么美味。★

那不勒斯比萨（330 泰铢），芝麻菜比萨（330 泰铢），可以分别点两个半份。

制作比萨饼坯用的面粉是从意大利购进的。比萨饼的面坯口味还是很重要的！
店长兼主厨　比埃穆斯克

旱季结束正是芒果上市的时候。从完全成熟味道香甜的芒果，到未成熟带着酸味的芒果应有尽有。

下意识地想买一些热带水果和颜色鲜艳的水果来吃

对泰国人来说最重要的事就是“茶点时间”。到了下午大家会凑在一起吃着水果或甜品休息一会儿，男人们也会参与其中。可见吃茶点的时间是泰国人非常重要的交流以及休息的时间。我的一个泰国朋友对我发牢骚说：“在日企工作的时候，茶点时间如果和大家一起吃东西老板会生气的。”

看看“茶点时间”的餐桌就可以知道当下的时节。4 月吃甜甜的芒果，到了雨季就吃山竹果和红毛丹。雨季是水果大量上市的季节。到了旱季，店里卖的水果就会突然减少很多。不过，全年都可以吃到番木瓜。当然，泰国人也经常吃甜品，比如用椰汁煮的糯米和芒果——卡奥糯玛姆安，还有在像八桥饼一样的面坯上放上奶油和椰蓉的卡诺幕布安等等。即使是甜品也会使用大量的水果。

如果在路边摊吃，不论哪种食物都只要 10 ~ 30 泰铢，很便宜。用塑料盒一装就可以带回宾馆去。★

泰国的甜品大部分都很甜。第一次吃的时候被那种甜味吓了一跳，但吃着吃着就不可思议地爱上了那种味道。

开始卖红毛丹的时候就正式进入了雨季。外观虽然很奇特，但是里面甜甜的果肉很好吃。

品尝美味的巧克力，借着下午茶休息一下

我有一个朋友，她的丈夫驻曼谷工作，她每个月都会专程来这家店品尝巧克力，在此度过一段美妙的时光。这里有国内平时很难见到的正宗的满是巧克力甜品的自助餐。酷爱甜食的人一定要来一次，这里是一个巧克力乐园！

在喧闹的曼谷观光或者购物累了，就到酒店的茶馆坐坐，借着下午茶稍稍休息一下吧。如果是在英国，市价要 5000 日元以上，而在曼谷再贵也不过 2000 日元就可以吃到下午茶。传统的茶馆点餐形式很不错，但是我更喜欢自助餐的形式，因为可以尽情地吃自己喜欢的甜品。

每周五、六、日在有着古代王朝风格的豪华酒店"素可泰"的大厅休息室就可以享受到我喜欢的下午茶，其名为"素可泰巧克力自助餐"（750 泰铢）。除了巧克力，还有法式杏仁饼、焦糖布丁这样的甜品、三明治或水果等点心小吃，种类多得不知道该吃什么才好。每一种甜品都口味上佳。这段时间我迷恋上了这里的热巧克力，它是由来自瑞士的糕点师用从世界各国精选出来的巧克力融合而成的。★

The Sukhothai Hotel

区 B3 地 13/3 South Sathorn Rd. ☎ 0-2344-8888（内线 5725）营 14:00-18:00

行 从 MRT 的伦比尼站下车，顺着萨通南街步行 6 分钟。

Original Belgian
Chocolate
54%

买多了也没关系。
寻找属于自己的珍藏品。

Shopping in Bangkok

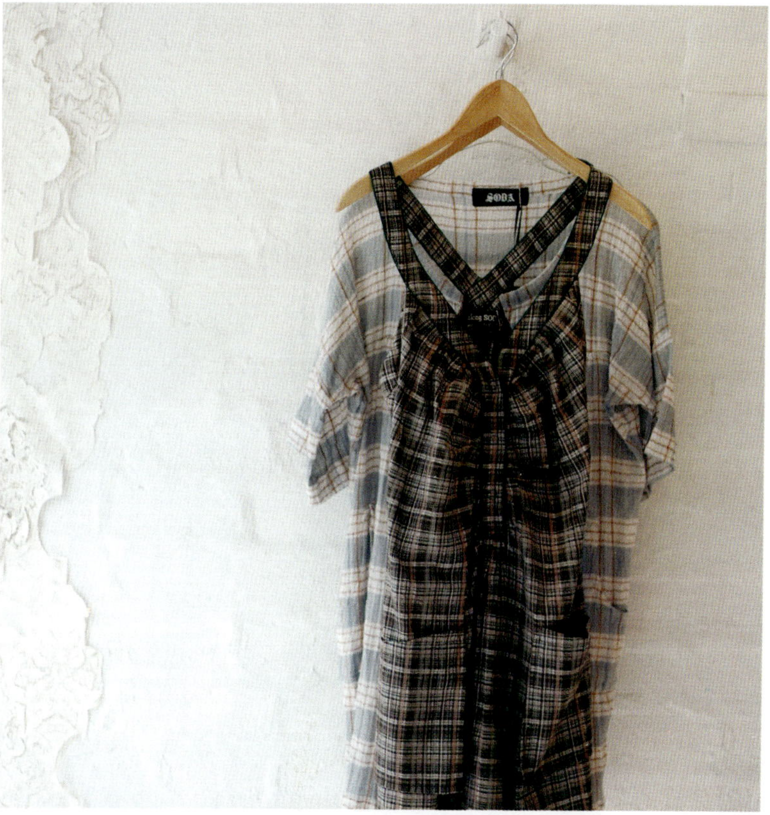

喜欢购物的朋友问我“在曼谷购物去哪好呢？”，我一定会反问他周六日在曼谷的日程怎么安排？因为在曼谷有一些值得去看一看的地方。泰国最著名的市场是只在周末营业的“周末市场”（泰语名为查多查克）。这个市场名副其实，其庞大的规模、齐全的商品、低廉的价格在泰国国内都首屈一指！来自世界各地的购物者也经常来此地光顾。在这个面积广大的市场里，约一万家店一家紧挨着一家排列在迷宫一样的小路两旁。服装、旧衣服、手工艺品、餐具、古玩、家具、画、旧书、盆栽等等一应俱全，甚至还有卖宠物的。大概这里不卖的就是家电一类东西了。

不管怎么说，这里的魅力在于这里的商品几乎都是别处没有的独家商品。无论哪

日新月异的查多查克是周末的必游之地

家店的商品都是他们自己设计，再由工厂制作然后拿来出售的。由于受到了购物者的青睐，生意蒸蒸日上，很多商店在曼谷市中心又开设了许多分店，像这样的成功故事是经常有所耳闻的。那些开设店铺的年轻人从此发家致富。

购

在这里，我对光顾这个市场的人有几点建议。如果你想一边散步一边看看有没有自己想买的东西，那么你就会在里面迷路，还没等你逛完天就黑了。这个市场根据商品的种类被分成了 27 个区域，所以参考一下市场入口处设置的地图，就可以预先决定要逛哪一个区域。和朋友一起去的话，很有可能会因为人多而走散，如果提前约定好以中心区（16 号区与 17 号区之间）的大钟塔作为集合地就没有这个问题了。★

市场内非常热！不要忘了及时补充水分。里面有纯净水和灌装的果汁，还有新鲜果汁。

Jatujak Weekend market

区 A4 地 Jatujak Weekend Market 营 从上午 10 点到傍晚
行 从 BTS 莫知特站步行 5 分钟。

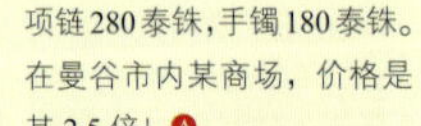
项链280泰铢，手镯180泰铢。在曼谷市内某商场，价格是其2.5倍！Ⓐ

Sensual Chic

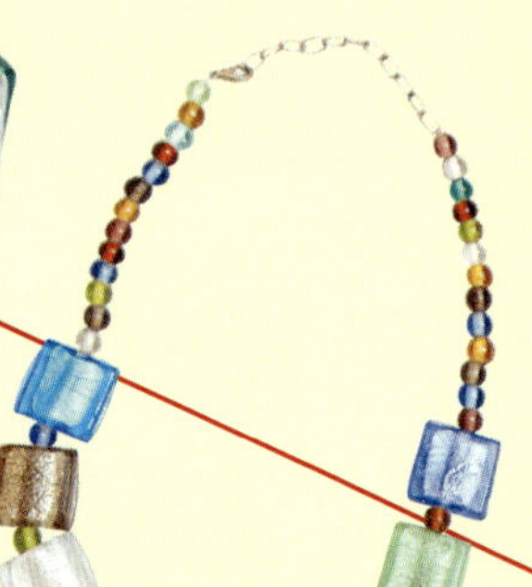

让你想说“这个也不错吧”的商品
—查特查克篇—

Intira Shop

金属线筐220泰铢。彩色的串珠特别可爱。这种小筐就算有好几个都不嫌多。Ⓑ

给大家介绍一个值得去的地方，这就是齐聚高品位商品的11号至23号区一带。这是那些能敏锐洞察时尚风向，但是以少量的花销就能享受到时尚的曼谷人极力推荐的地方。这次在这里采访让我惊讶的是，很多店主都对我说：“有很多日本消费者来这里购物。”这里确实有很多日本人喜爱的有品位的东西。

这里介绍的商品都是我很喜欢并且已买下的东西。乍一看这些饰品貌似有些艳丽，其实配上简洁的服装就变成了一种点缀，能产生一种色彩的张力，所以我经常穿戴。白色金属线筐经常用来装从曼谷买回来的饰品。彩色T恤可以作为礼物送给适合穿休闲装的妹妹。而我的包里总是会装一个叠得整整齐齐的、印有泰语字母表图案的可爱环保袋。购物的时候店员会好奇地看着我的环保袋，就好像在问那上面写了什么，每当这时候我都会暗暗地感到得意（笑）。★

Snowberry

T 恤 190 泰铢。穿着它去俱乐部或者海滩非常醒目。打折的时候只要 100 泰铢，真便宜！Ⓓ

99 Shop

这里出售的饰品全都是 99 泰铢！因为东西便宜又可爱，所以这家店总是顾客盈门。Ⓒ

Apron & Cotton Bag

环保袋 250 泰铢。泰语字母表的图案很可爱。附带装环保袋的盒子。Ⓔ

在泰国最近有很多人
用这种环保袋。
店主纳本小姐

查多查克地图

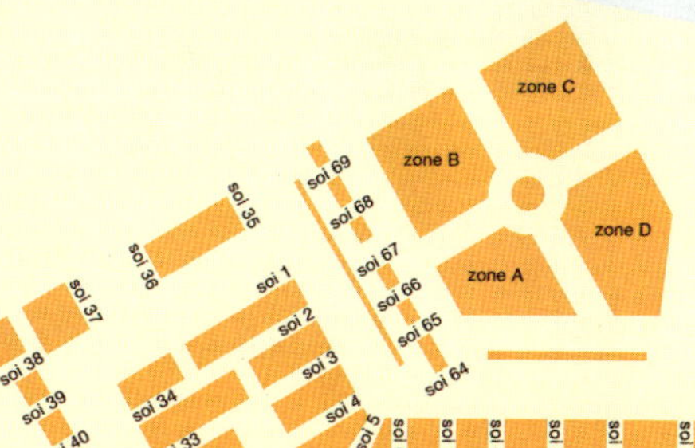

在桑罗姆夜市的啤酒园畅饮干杯！

与炎热的白天相比，在凉爽的夜晚，许多夜店、市场相继开门营业，来往行人也显著增多。若想充分体验曼谷的夜生活，最合适的去处就是"桑罗姆夜市"。但是由于要重新开发，这个市场即将被关闭。所以还没去过的人在它消失之前一定要去一次。

正如它的名字，这个市场在傍晚的时候才开始营业。这里的店铺有一大特点，那就是很多店铺出售的都是年轻的未来设计师原创的衣服或饰品。店铺的租金并没虽然地处曼谷市中心，店铺的租金并不昂贵，实际上还很便宜，只要5000泰铢，所以即

各个区域用"素可泰""大城"等地名来命名。基本没有向顾客漫天要价的情况。

使是年轻人也能够很容易地在这里拥有一家自己的小店。

我的一位泰国朋友就是其中的一位。几年前，他开了一家饰品店，如今因极具个性的设计被一家杂志的设计顾问看中，而一跃成为著名的品牌。每次到这里来，我都能感受到梦想成功的年轻人那无限的热情和活力。

这里还有一个乐趣，那就是大排档和酒馆林立的啤酒园。最低 50 泰铢就可以品尝到一种与啤酒完美搭配的泰国料理。即使是同样的啤酒，欧洲产的啤酒一杯要 160 泰铢，而泰国产的象牌啤酒一杯只要 45 泰铢，价格相差三倍以上。喜欢喝啤酒并且想畅饮的你可以到这里来品尝泰国的啤酒。顺便说一句，因为不提供擦手巾，所以建议您带上湿巾。★

Suan Lum Night Bazaar

区 C3 地 Suan Lum Night Bazaar,Rama 4 Rd., Lumpinee

☎ 0-2529-691~3 营 每日 18:00 ~ 23:00

行 临近 MRT 伦比尼站 3 号出口

大排档让我想起日本夏祭时一排排夜间摊的样子。舞台上有乐队演出，热闹非凡。

让你想说“这个也不错吧”的商品
—桑罗姆夜市篇—

380 泰铢。日本的室内饰品店里卖的同款时钟价格是这个的 3 倍。

古拉卡特收藏店Ⓐ

笔记本有大小不同三种尺寸，大的 150 泰铢，中等的 130 泰铢，小的 90 泰铢。

从彩色的设计品到时尚的设计品，这里应有尽有。对此我感到非常自豪！

阿勉

“这里有和在桑罗姆夜市卖的一样的东西？”

在市场购物之后，如果在曼谷的商场或日本的商店里发现了同样的东西，不由得为此高兴的应该不只我一个人吧。而且，如果商品的标价是我买的价格的好几倍，就会更加有捡了便宜的感觉。

“古拉卡特收藏店”的设计师兼店主阿勉十年前就在“周末市场”开办了这个店，经营着有较高人气的织锦时钟、设计精美的硬皮笔记本。如今，阿勉已经是向马来西亚、印度尼西亚以及新加坡出口产品的有实力的设计师了。在这里只要 380 泰铢就可以买到畅销海外的织锦时钟。将这里作为欣赏室内装饰品的一个去处也不错。

PSK 包店

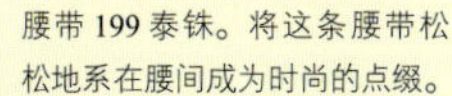

腰带 199 泰铢。将这条腰带松松地系在腰间成为时尚的点缀。

我是这里的手工匠。这些彩珠全部都是手工缝制上去的。
盖伊

550 泰铢。同样形状的提包有不同的设计风格，或有着不同颜色的串珠。

桑罗姆夜市地图

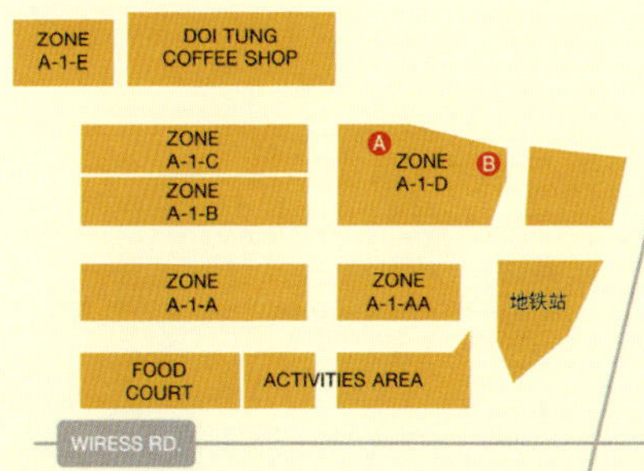

还有一家店是经营华丽的镶有彩珠的皮包和腰带的“PSK 包店”。密密麻麻地镶满彩色亮片或串珠的提包让人爱不释手。我有一些朋友很喜欢闪闪发亮的东西，于是我会买一些这样的零钱袋送给他们！★

在流行的发源地“普拉提纳姆”发现高品位商店聚集区！

OXFORD 区地图

frankly T恤
Wonder child
Chip Munk 详见78页
W.C.
ATM
电梯
Primp 女装
A&A
Chanan Chida
Happy Studio
A-four 详见77页
Chiffon Putti
ololo
4
room no 9th 可爱风格
khongkn 皮质品
Gem-Buto
Pook look
kook-kik
ann
NAMKAP

普拉提纳姆区云集了来自世界各国的购物者。这里以前就有很多批发时尚产品的市场或商场，其中也混杂着大量说不清是否算是时尚的东西……三年前，就在这个购物区，经营时髦物品的普拉提纳姆时尚大卖场开业了。

如今这里作为时髦的曼谷人固定的购物之处是一定要介绍给大家的。以前我采访泰国空乘人员时，他们说流行的东西要在这里买。的确，只能在今年穿戴的流行品在这个地方卖得很便宜。不愧是擅长购物的空乘啊。

和周末市场一样，这个面积广大的卖场被分为几个区域，各个区域都有自己的名字。流行于日本的闪亮系饰品或少淑装集中的区域，是位于二楼的 OXFORD 区的 1 号至 3 号小路内。将大楼里数量庞大的商店全部逛完是不可能的，建议先从 OXFORD 区开始购物之旅吧！★

普拉提纳姆时尚大卖场 The Piatinam Fashion Mau

区 C2　地 222 Petchaburi Rd.

☎ 0-2121-9999　营 08:00～20:00

行 从中央国际广场往普拉提纳姆市场方向北行约三分钟，在第一个大十字路口左转，就在左手边的建筑物。（附近有 BTS 岂特罗姆站，但是从车站出来要走很多路，所以还是乘计程车更方便）。

三环手镯。三个环的颜色不同，非常具有泰国风情。

搭配有闪亮水钻的耳钉已经成为华丽皮制品爱好者的必买之物。

好似糖果的大串珠项链在泰国也十分流行。

颜色清亮的手镯能增添更多的女人味。

普拉提纳姆时尚大卖场

A-FOUR

地 The Platinam Fashion Mall 5422nd Fl. Oxford Soi3

☎ 0-2121-8542 营 09:00 ~ 20:00

行 普拉提纳姆时尚大卖场二楼

任何商品一律 100 泰铢，十分便宜。店里常常挤满放学的女大学生。真想毫不犹豫地全部买下。

你是不是认为泰国只卖民族风的商品？其实，曼谷从很早就开始引进海外的流行潮流。而且让人高兴的是，普拉提纳姆的最新流行品价格很低廉。

位于二楼的 OXFORD 区 1 号小路里的 Chip Munk 是我非常中意的一家店，我总是会不假思索地想要购买大量的连衣裙和帽子。店里挂满了纯天然质地柔软的服装，能一下子勾起购买者的少女情怀。然而，让人倍感惊奇的是这里的设计师竟是一名叫艾克的男性，而且让我更加惊讶的是，他的主业竟然是计算机平面设计。艾克本人也是个非常时髦的帅小伙。

在男性用品方面，年轻设计师夫妇经营的“Ying&Phat”包店怎么样呢？店内商品百分之八十都是男性用包，使用方便的方格花纹包或条纹包都经过细心缝制且极具实用性。新奇的是，该店还卖有在日本很难见到的时尚的电脑包。我现在很后悔，当时要是买一个送给经常随身携带电脑的丈夫该多好。★

这家店有很多日本风格的服装。

Chip Munk

地 The Platinam Fashion Mall 542 2nd Fl. Oxford Soi1

☎ 0-2121-8390　营 09:00 ~ 20:00

行 普拉提纳姆时尚大卖场二楼。参考 74 页地图。

参考日本的杂志设计衣服。
艾克

如果你想买质量上乘、样式别致的 T 恤衫

除了照片上的图案还有迦尼萨和鱼的图案。衣服号码分为 S、M、L 号且不分男女。女性顾客买 S ~ M 号就正好。

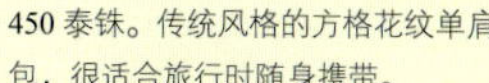

450 泰铢。传统风格的方格花纹单肩包，很适合旅行时随身携带。

适合三天两夜短途旅行的手提包，650 泰铢。

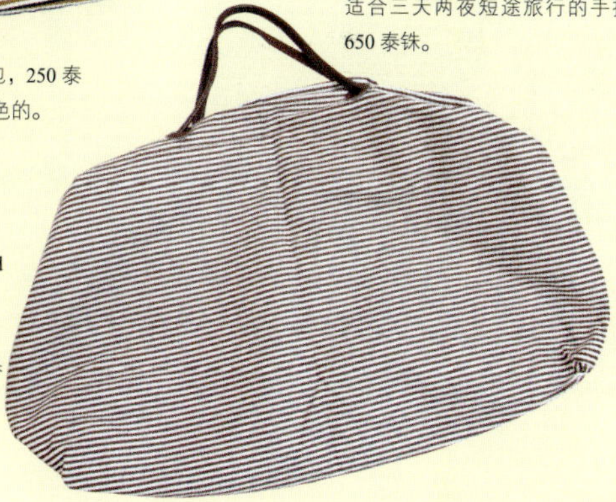

新颖的条纹图案的电脑包，250 泰铢。日本的电脑包都是黑色的。

Ying&Phat

地 The Platinam Fashion Mall 542 2nd Fl. Oxford Soi8

☎ 0-2121-8594 营 09:00 ~ 20:00

行 普拉提纳姆时尚大卖场二楼。参照 74 页地图。

我曾经有一件这种图案的 T 恤。很早以前经常可以见到印着醒目的“Thailand”字样的 T 恤衫，我觉得这种图案总让人感到有点没法穿出门（向买过这种 T 恤衫的人说声对不起啦）。但是这家“描摹泰国”的 T 恤衫设计独特、质量上乘而且价格合理，是一个具有泰国风的很棒的品牌。

这家店的 T 恤衫种类丰富，有用泰语文字构成的泰国地图图案的 T 恤，还有用现代手法重新设计的泰国传统绘画图案的 T 恤。稍有偏差就会变得土气的图画被描绘得现代味十足，真是棒极了。我问过店员，红色和白色的 T 恤上的图案是什么意思（参见第 76 页图），他礼貌地向我解释道：“据说是一条龙守护着冥想的佛陀，曼荼罗的图案在佛教中意味着平等、公平。”★

Line THAI

地 Platinum Fashion Mall B Fl. Soi Ginza 8

☎ 08-1442-1321（手机）

行 Platinum Fashion Mall B Fl. Soi Ginza 8

20 บาท
Délifrance
5

购物前先填饱肚子。市场里到处都有饭馆。其中进入五号小路步行 200 米，右侧是一个聚集着十几家饭馆的区域，有多种饭菜可供选择。价格实惠，大致一份 30 ~ 40 泰铢。推荐饭后再来一颗甜芒果。

索伊拉拉伊萨普 Lalaisap Market

区 B3 营 10:00 左右—傍晚（各店铺的营业时间不同）

行 位于希罗姆五号小路曼谷银行总行旁的小路。从 BTS 萨拉丁站步行 10 分钟。

在工作日受职业女性青睐的 OL 市场

曼谷市内各处大小不同形形色色的市场似乎在向人们展示泰国人喜爱购物的性情。在商务区常见的市场通称为“OL 市场”。在曼谷市内写字楼比较集中的地区，一定会出现大量为附近工作的职业女性服务的路边摊，并且逐渐形成市场。不知从何时起，在曼谷工作的日本人将这样的地方通称为“OL 市场”。

其中，以商品种类齐全而闻名的是希罗姆大街上曼谷银行总行附近的小路“索伊拉拉伊萨普”（“索伊”在泰语中是小路的意思）市场。服装、包、化妆品、杂货、食品的路边摊将这条小路挤得满满当当，仅仅看一眼就会让人扑通扑通心跳。而且这里的东西便宜又可爱，种类丰富！

痴迷于时尚的朋友向我介绍了一家服装直销店。虽然不知道这家店的商品是从何处采购来的，但是一些在日本很有名的品牌服装的价格却非常低廉。像这样的商店还有数家，所以不要被炎热打倒，快去淘宝吧。★

9880 泰铢。镶满大颗水钻的手包。晚上出去玩或参加派对可以为你增色不少。

泰国的两大品牌“TANGO”和“Baking SODA”受到全世界潮流引导者喜爱的理由

近来，曼谷时尚界的青年设计师成为了受热捧的群体！因为商场只收取低廉的租金，所以他们可以轻松地开办分店，而且商务部也在积极培养青年设计师，给予他们向海外拓展的机会。

其中，引领时尚界的青年设计师开创的两大品牌为“Baking SODA”和“TANGO”。这两个品牌拥有极高的人气，最近连来曼谷观光的外国人也特意前去购买。在 Baking SODA 的店铺中，拥有十几到二十几岁广泛顾客群的是萨伊亚姆（购物）中心的分店。女式衬衣和连衣裙是店里的热卖商品。这里的服装剪裁十分独特，所以我推荐给厌倦了平凡服装的朋友们。

还有一个品牌是我一直以来都很喜欢的 TANGO。这个品牌经营的是面向成年人的高级嬉皮士风格和波西米亚风格的服装。这次采访时我就冲动地购买了和 83 页店员阿和一样的长裙。★

Baking SODA

女式衬衫，3200 泰铢。清爽的粉红色和黄色能让你穿出十足的女人味。用色具有泰国的特点。

1480 泰铢。印有鲜艳花纹的女式衬衫。散发出时尚的成熟气质，这正是 TANGO 的风格。

4480 泰铢。女式凉鞋，颜色鲜艳的宝石给人留下深刻的印象。即使是样式简单的服装，只要配上这双鞋，时尚度会立即增加。

TANGO

2280泰铢。有大红色刺绣的小巧可爱的无袖短上衣。只要在穿牛仔裤或连衣裙时随意地披上这件小外衣，就会给人华丽的印象。

3280泰铢。手机袋。使用上等皮革制成，给人高档品的感受。不仅可以用来装手机，还可用作手包的替代品。

Baking SODA

980泰铢，男式T恤，上面印有最近十分流行的骷髅图案。与可爱的鲜花图案搭配在一起，冷酷中不失可爱。

3200泰铢。方格花纹连衣裙。虽是连衣裙，但是如果和裤子搭配，当做长款上衣穿也很不错，是一件穿着方便的衣服。

我推荐镶着大量宝石的闪闪发亮的包包和凉鞋。

阿和

阿和穿的波西米亚长裙就是TANGO的产品。"如果穿成低腰的，L号也可以"。

8440泰铢。TANGO里很少有的可爱风格的背包。有足够大的空间装东西，适合平时使用。

7880泰铢。真皮手包。上面装饰的比包身还大的花朵十分惹眼，同样使用了热情的大红色，非常完美的一款手包。

TANGO

区 C2 地 999 Phloen Chit Rd.Bangkok

☎ 0-2656-1311 营 10:00～22:00

行 与BTS岂特罗姆站相连。盖伊森购物中心二楼。

3690泰铢。单肩包。Baking SODA特有的大胆用色令人印象深刻。A4大小的文件或杂志都可以装进去，使用很随意。

5500泰铢。薄丝绸连衣裙。轻薄的丝绸材质穿起来非常舒适。具有民族风格的腰带起到了画龙点睛的作用。

如果要找其他品牌所没有的独具个性的剪裁，那绝对就是SODA！

阿法

Baking SODA

区 B2 地 989 Rama 1 Rd. ☎ 0-2251-5968 营 10:00～20:30

行 与BTS萨伊亚姆站相连。萨伊亚姆购物中心三楼。

如果要买泰国特有的便宜的小商品

泰国的国王受到国民发自内心的敬爱。国王的三女儿诗琳通公主，为援助生活贫困的农民和山岳民族而开办了这家“Phu Fa”店。这家店里出售的都是农民或山岳民族制造的包、泰国丝绸、棉布披肩以及日用小商品。

每一样东西都充满泰国风情，质朴且质量上乘。而且价位也是商场里不可能有的低廉价格。这家店的销售收益全部作为援助资金返还给生产者。我自己也买了泰国棉制草木染披肩和手工制作的串珠腰带，这两样物品经常使用。

Propaganda

装泰国北部、东北部主食卡奥糯（糯米）的小筐，60泰铢。也可以用来装小玩意或饰品。

咖啡豆，120泰铢。泰国北部生产。有经过烤制的咖啡豆，也有磨制的咖啡粉。泰国的咖啡味道也不错哦。

棉布包（小），60泰铢。用泰国棉花制成的小荷包。用来装iPod等音乐播放器不错吧？

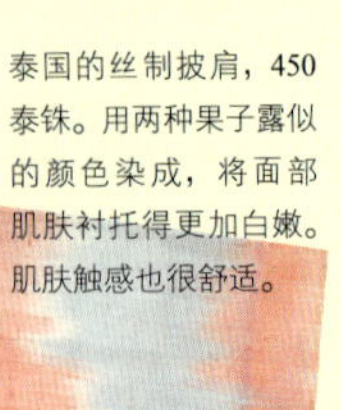

泰国的丝制披肩，450泰铢。用两种果子露似的颜色染成，将面部肌肤衬托得更加白嫩。肌肤触感也很舒适。

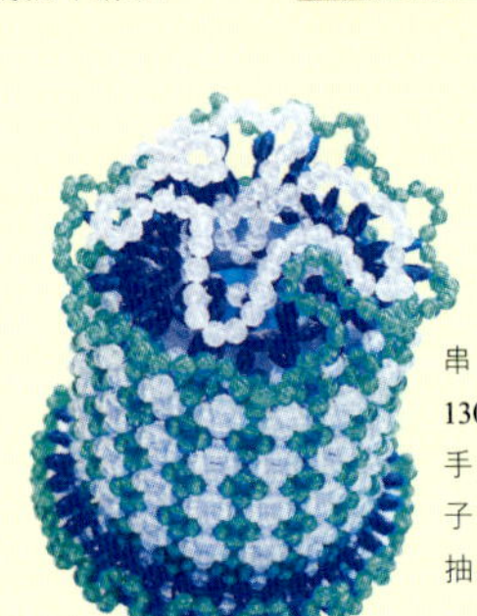

串珠做的纸巾盒，130泰铢。在泰国，手纸是纵向装入盒子再从上方的开口抽出使用的。

具有泰国特色的小商品非常适合送给朋友做礼物。
普姆

Baking SODA

区 B2　地 989 2nd F1.Siam Discovery Rama 1Rd.

電 0-2658-0208　营 10:00～21:00

行 从BTS萨伊亚姆站步行三分钟。萨伊亚姆商城二楼。也可以从与车站相连的萨伊亚姆中心穿过游廊到达。

设计合理且有实用性的东西使用起来确实很方便，但是却总让人觉得无趣。若给日常使用的东西随意地添加一些游戏或幽默的元素，平时的生活也会变得更加有趣，Propaganda 正是以此为设计理念。这是一个在日本和美国获得“优秀设计奖”的全世界知名的品牌。

14 年前，泰国的四位年轻的电视广告制作人产生了想表现泰国文化中诙谐幽默元素的想法，于是创立了这个品牌。

真人造型的 P 先生已经成为深受消费者喜爱的一个形象。P 先生的要害处（笑）或是开关，或是钥匙挂钩……虽然有点好色，却趣味十足，近来我也特别喜欢它。★

Phu Fa

190 泰铢。这个烟灰缸虽然很可爱，但却让人不忍心在被踩踏的地方掐灭烟头。

收线器，250 泰铢。将电视或电脑上碍事的电线一圈圈缠在 P 先生身上，一下就变得整洁了。

195 泰铢。被绳子勒住脖子的 P 先生手机挂件。经常有人对我说“好可怕的挂件啊”。

2000 泰铢。因为害羞，遮住了脸却没有掩盖隐私部位。对了，那里就是开关（笑）

区 B2 地 989 Room402,4th Floor, Siam Discovery Center,Rama 1 Rd.

☎ 0-2658-0430 营 10:00 ~ 21:00

行 从 BTS 萨伊亚姆站步行三分钟。萨伊亚姆商城 4 楼。

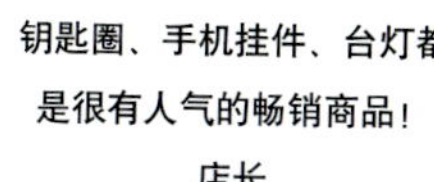

桑朋兰市场

在两人并行困难的狭窄街道里，即使是工作日，人们也会如潮水般蜂拥而至。街道两侧一家紧挨一家的批发店，有很多都是经营饰品。整个市场非常狭长，从一端步行到另一端大约需要 20 分钟。

Talat Sampheng Lane 区 B2 地 与亚瓦拉特大街平行 营 08:00-18:00 左右（各店铺不同）行 BTS 和 MRT 都不经过这里，所以需要乘坐计程车前往。（告诉司机“桑朋兰”就可以）

在中国城的四大市场接触异国文化

近代以来曼谷成为一个高速发展的城市。在此过程中，依旧保留着平民区风情的就是中国城地区（通称为亚瓦拉特）。这个地区最大的特点就是各种市场云集。下面我将介绍其中去逛一次就会为之着迷的四个市场。

首先是桑朋兰市场。它位于与亚瓦拉特大街平行的桑朋兰大街上，那里有很多批发低价饰品和服装的商店。其次是萨庞普托市场。靠近亚瓦拉特的湄南河上有一座普托桥，每到晚上七点，桥底下就摆满了小摊变成一个露天市场。很多学生到这里来买便宜的 T 恤、牛仔裤和鞋。

帕克库隆市场是曼谷最大的鲜花市场，24 小时营业。上午十点过后这里的顾客量最大。在照明灯下卖花的画面仿佛是幻想中的场景，值得去看一下。

穿过亚瓦拉特大街，就是印度人集中的帕夫拉特市场，一到这里映入眼帘的是穿着美丽的民族服装的女性形象。这里有曼谷最多的布匹店，准备定做衣服的人都在这里买布料。★

2

萨庞普托市场

这里几乎全是身穿白衬衣黑裙子制服的大学生。用有限的零用钱满足自己的时尚需求，经常可以看到他们努力讨价还价的样子。这里还有很多画肖像画的商店，画一幅作为泰国旅行的纪念也不错哦！

Saphan Phut Night Market 区 A2 地 普托桥下拉玛一世像附近 营 从傍晚一直到深夜 行 乘计程车到萨庞普托即可

3

帕克库隆市场

这个市场拥有超过一千家店铺。最近数量锐减的三轮摩托装载着鲜花繁忙地穿梭其间。我的泰国朋友中有人每次失恋都要到这里来，靠美丽的鲜花治疗心里的创伤，用市场的活力让自己打起精神。（笑）

Talat Pak Khiong 区 A2 地 沿着萨庞普托市场附近的查克贝托大街 营 24 小时营业 行 乘计程车或乘湄南河快船到萨庞普托港口跟前就是。

帕夫拉特市场

这里的印度人多是锡克教徒，男人都缠头巾。图片上右侧的大叔是第三代移民。他是一个非常直爽的人，初次见面时就告诉我们“附近有锡克教寺院”，并带我们前去参观。

帕夫拉特市场 区 A2 地 靠近中国城。在查库拉贝托大街和帕夫拉特大街之间。

营 10:00 到傍晚（各店铺不同）行 周边没有公共交通设施，需要乘坐计程车。

280

说起在泰国购物，电视或杂志上介绍的很多都是偏平民化的市场，然而在曼谷还是有很多大商场的。去市场购物的趣味是发掘廉价的宝贝，但是高品位、高质量的商品还是要去商场搜寻。

说到高级商场里的商品，不仅有蔻驰、克洛伊、托德斯等知名品牌，还能发现ZARA、MANGO、雨果波士等我们熟知的品牌，商品的种类和日本的商场一样齐全，但是我认为如果以和日本同样的价位购买就没有意义了。在泰国，每逢重要的节假日，总有某个商场在搞打折促销活动，而且折扣率很高，即使是当季的新产品，折扣低至五折、三折也是很正常的。一般在日本从不大幅度打折的高级品牌，到了曼谷也成了打折销售的商品。

在购物天堂曼谷，享受高效率购物乐趣之前，让我们先了解一下各大商场都卖些什么东西吧。★

用图表为那些感觉无从选择的人分析一下主要的商场

如今代表曼谷的一个商场

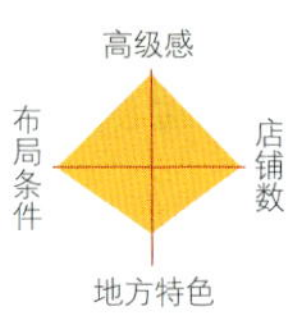

曼谷首屈一指的购物地，耸立于萨伊亚姆的大型高级复合型商场。商品的质量和设计都很棒，如果要买泰国日用小商品或香草类的商品一定不要错过这里。这里既有泰国风情也不失流行元素，现代派设计的小商品店集中的4楼，是我经常带日本朋友光顾的地方，推荐大家去逛一逛。

萨伊亚姆帕拉宫 区 B2 地 991 Rama 1 Rd. ☎ 0-2610-8000 营 10:00-22:00 行 与 BTS 萨伊亚姆站相连

靠近日本街 有很多驻泰工作人员

很多日本驻泰工作人员及其家属居住在名为苏克姆比特的地区，安波利亚姆是一家拥有爱马仕、菲拉格慕等奢侈品牌的老字号高档商场。上层的超市或餐厅即使在平时也挤满了日本人和上层社会的泰国人。虽然是高档商场，五楼的美食城里的食物却物美价廉。

安波利亚姆 区 D3 地 622 Sukhumvit 24 Rd. ☎ 0-2269-1000 营 10:00-22:00 行 与 BTS 的普隆蓬站相连。

如果想轻轻松松地去购物

萨伊亚姆中心位于萨伊亚姆帕拉宫隔壁。有很多商店经营十几岁至二十几岁年轻人的服装。这里有源自泰国的品牌 SODA 和 TANGO。与此相连，同系列的是“探索”。那里有时尚的泰式家具店、小商品品牌“Propaganda”以及日本人熟知的“Loft”。

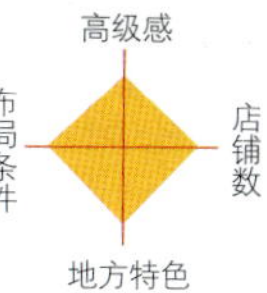

萨伊亚姆中心 & 探索 区 B2 地 Siam Discovery Center,Rama 1 Rd. ☎ 0-2658-1000 营 10:00-21:00
行 与 BTS 萨伊亚姆站相连。

其规模之大让人震惊 与伊势丹相邻

这座复合型商场所在的巨大建筑物及其玻璃外墙让人印象深刻，里面同时设有伊势丹和 ZEN，其规模为东南亚最大。摩斯汉堡的泰国一号店就在其中。前面的广场经常举办各种活动，每到周末就会有泰国知名歌手在这里现场表演，所以有兴趣的朋友一定要去啊。

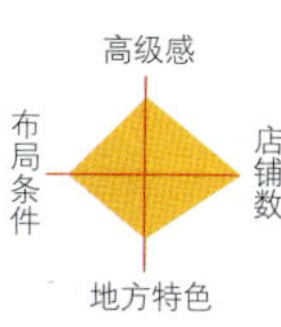

中央国际广场 区 C2 地 Central World4,4/1-4/2,4/4 Rajda.
☎ 0-2255-9500 营 10:00-22:00 行 从 BTS 岂特罗姆站步行三分钟。位于直接与车站相连的商场盖伊森前面。

与车站直接相连的高级购物广场集中了国外各大品牌

与 BTS 岂特罗姆站直接相连，是很方便去逛的高档品牌专卖商场。百分之八十的店铺都是经营普拉达、百利等国外品牌的商店。这里还有出口至全世界 25 个国家，源自泰国的水疗产品品牌“涵庭”的店铺和水疗馆，经营泰国丝绸和泰国青瓷等高品位小商品的商店“阿约塔亚”，以及许多高级品牌店。

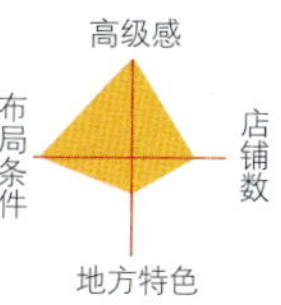

盖伊森购物广场 区 C2 地 999 Phloen Chit Rd.
☎ 0-2656-1311 营 10:00-20:00
行 与 BTS 岂特罗姆站相连。

这是曼谷市内的商场中最有平民气息也最具有民族特色的购物中心。与其说是商场，倒不如说更像是一个有屋顶的市场。这个市场以销售大量的二手手机和手机吊饰出名，任何时间都人山人海拥挤不堪。这里大部分商店里的商品都没有价格标签，基本上都可以讨价还价。

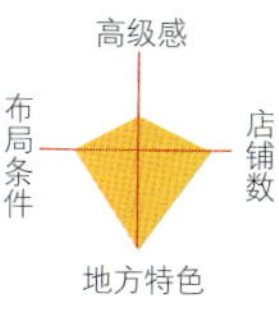

玛波可隆购物中心 区 B2 地 Phayathai Road,Wangmai
☎ 0-2620-9000 营 10:00-21:00
行 与 BTS 国家体育场站相连。

在外国超市快乐购物
买食品去 VILLA 超市，买生活用品去 Big C

格力高牌百力滋，12 泰铢。辣肉沙拉味！只在泰国当地销售的百力滋。

莱特普牌辣椒粉，14 泰铢。泰国料理不可或缺的辣椒。比起干辣椒，使用辣椒粉才能做出正宗的泰国料理。

美极牌海鲜酱油。100 毫升的 14 泰铢，200 毫升的 24.5 泰铢。建议在吃煎鸡蛋时浇上一点。

方便面每包 6 泰铢。酸辣口味的最受欢迎。只要加些热水即可食用，操作简单。放一个鸡蛋进去更美味。

泰国的何氏糖果，10 泰铢。口味比日本的还要甜。我推荐蜂蜜姜汁味。

这家店不仅销售泰国的食材，还卖外国的食材，24 小时营业，所以如果你半夜肚子饿了，可以去这家店哦。

VILLA MARKET

区 D3 地 Sukhumvit Soi33

☎ 0-2662-1000 营 24 小时营业

行 从 BTS 普隆蓬站步行 4 分钟。位于 33 号小路入口。

大部分人去海外旅行一定会在当地的超市买些特产吧。看到那些陌生又可爱的包装心里就会扑通扑通地跳。我们一起去寻找只有在当地才能买到的食品、点心以及生活用品吧。

在苏克姆比特区最常见的就是 VILLA 超市。如果要买食品，没有比这里品种更全的地方了！推荐给您的特产是点心和方便面，这些食品重量轻、体积小而且便宜，很适合买来送朋友。我一定会买很多的是泰国的“何氏 3”，包装上的泰语很可爱，有些面积广，而且充满购物乐趣！最高一层有几家物美价廉的餐厅，可以借吃饭的机会顺便购物。

Big C

行 从 BTS 岂特罗姆站步行 4 分钟。在中央国际前面。

塑料茶盘 15 泰铢（三个一套），鲜艳的颜色具有泰式风格，给人凉爽的感觉。茶盘还有其他颜色。

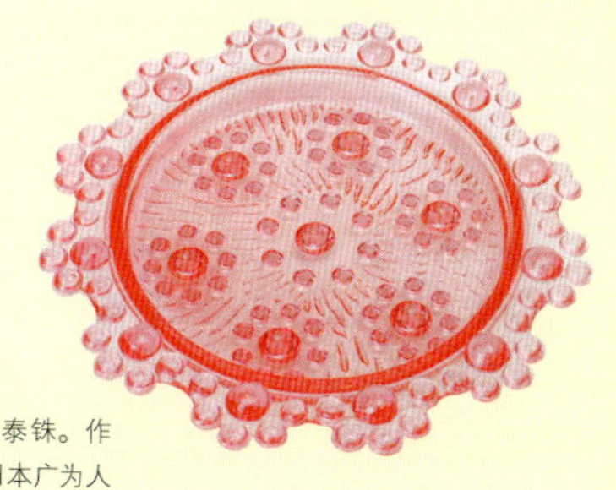

购

香草洗浴用品，120 泰铢。将干燥的香草装入附带的棉布袋，放进洗澡水里。用香草的芳香进行疗养。

干诺丽果胶囊，85 泰铢。作为一种健康食品在日本广为人知，有抗衰老的功效。

不锈钢午餐盒 450 泰铢。结实美观，不锈钢材质方便清洗，越来越多的日本人喜欢使用这种午餐盒。

铝制碗 20 泰铢，造型颇具泰国特色。也可以用来装耳环、戒指等小饰品。

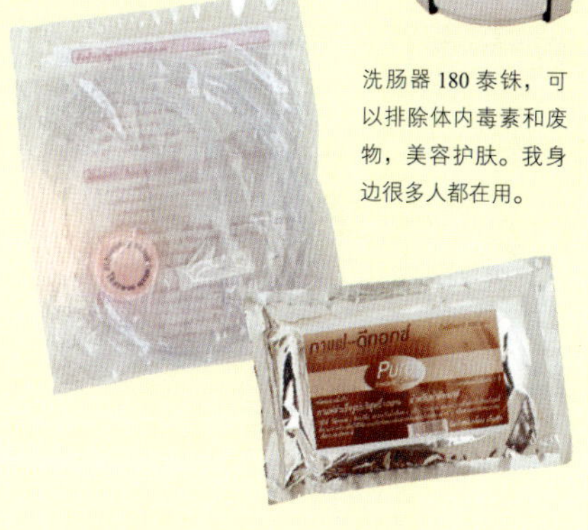

洗肠器 180 泰铢，可以排除体内毒素和废物，美容护肤。我身边很多人都在用。

口味在国内没有，真是让人喜欢。

让我和一位泰国朋友可以呆大半天的是超市和建材市场合一的大型超级市场 Big C。最近我特别钟情的商店是位于一楼的萨姆普拉伊·拉恰达姆里（拉恰达姆里是香草的意思），这家店经营着用香草制造的保健品或肥皂、化妆品。每一种商品都便宜得让人吃惊。泰国真不愧是香草王国啊。最近，热衷于做美容的朋友介绍我买了家用洗肠器，听说用了后皮肤会变光滑，我很想试试看。让我们用泰国香草让自己成为裸肤美人吧！★

针织品品牌“NaRaYa”（娜莱雅）是泰国最受欢迎的特产，其第一人气地位从未被动摇过。十多年前，往来于国际航线的乘务员开始流行使用有装饰带的提包和装杂物的娜莱雅小包，从此娜莱雅的产品渐渐火起来了。

这个品牌能让容易喜新厌旧的女人们一直喜爱一定是有其理由的。它不仅设计精美，还兼具符合成年女性的高雅品位，而且有多种尺寸、种类以及颜色选择，能满足各种喜好和使用需要。娜莱雅的包有着质量上乘的光泽和柔软的触感，很难想象它的价格却很便宜。小手袋只要 30 泰铢，大背包也只要 300 泰铢，价格公道合理。

这个品牌至今都还是热销商品，我也是娜莱雅的爱好者。比如出国的时候，装小玩意的手袋用起来就很方便。我的旅行箱几乎被娜莱雅的产品填满了，有内衣包、装长筒袜的小包、珠宝盒、鞋盒、室内拖鞋等等，产品种类多到没法数完。★

可爱！便宜！实用！俘获全世界女人心的缎面提包

1

商品一览表

1. 丝带提包
2. 荷包
3. 带镜子的化妆包
4. 证件包
5. 小手提包
6. 便携可折叠拖鞋
7. 轻薄荷包
8. 小包两件套

买纪念品时不仅要样式独特，还不能花太多钱……总是让人伤脑筋。既然选择时这么费心，不如买个可爱且实用的东西吧。照片上的东西每一样都只有 100 泰铢左右，很便宜。这些东西种类多样，价格实惠，不妨多买些。男人可以买来送给妻子或恋人或女性朋友。如果还在犹豫，化妆包怎么样？这可是一件再多也无妨的物品。

NaRaYa 中央国际广场店 地 C2 住 Ground Floor,Central World Plaza Bldg.,4 Rajadamri Rd.
☎ 0-2255-9522 营 10:00-21:00 行 从 BTS 岂特罗姆站步行 4 分钟
NaRaYa 苏克姆比特 24 店 地 D3 住 654-8 Corner of Sukhumvit 24,Sukhumvit Rd.
☎ 0-2204-1146-7 营 10:00-21:00 行 从 BTS 普隆蓬站步行 1 分钟（安波利亚姆的二楼隔壁）。

对曼谷年轻女性来说，泰语版《Cawaii!》杂志就是她们的时尚圣经。日本的年轻人杂志《Cawaii！》（主妇之友出版社）于2004年登陆泰国并开始发售泰语版。此次对萨伊亚姆的曼谷人进行时尚大调查的就是泰语版《Cawaii！》的总编弥娅奥。

此次接受采访的大部分女孩子都说泰语版《Cawaii!》是她们最喜欢的杂志。与其他杂志相比，这本杂志会详细介绍化妆或室内装饰的方法，所以很受欢迎。

“从中学时代开始，我就很喜欢杰尼斯，在泰国放映的电视剧《那些日子以来》的时候，我每周不落地收看。”弥娅奥在高中和大学时两次去日本留学，毕业于著名的泰国国立政法大学日语专业的她能说一口流利的日语。弥娅奥毕业后就职于出版社，开始负责《Czwaii!》的编辑工作。不仅如此，她还作为模特活跃于电视荧屏，真是一个才貌双全的女孩子啊。

另外弥娅奥还负责一个与读者谈心的专栏“知心姐姐”。那么这样一位大姐姐会给出怎样严格的意见呢？★

在萨伊亚姆广场和萨伊亚姆帕拉宫进行时尚大调查

泰语版《Cawaii!》总编 弥娅奥

1981年生于曼谷，名模。曾出演口香糖和身体乳的电视广告。她去东京时一定会光顾的购物地是涩谷109。

姬布 20 岁

A 大学生
B 萨伊亚姆广场
C 模仿杂志《Ray》的风格
点评 白色很清爽。鞋跟将脚部衬托得很好看。

琪姆 20 岁

A 大学生
B 萨伊亚姆广场
C 日本风格
点评 直发留刘海很酷！正是现在流行的发型。

碧宇娣 16 岁

A 高中生
B 萨伊亚姆广场
C《Cawaii!》风格的轻便装
点评 正在流行的长款 T 恤。再短一点就更好了。

米宇 16 岁

A 高中生
B 萨伊亚姆广场
C 随身的休闲装
点评 肌肤裸露得恰到好处。发型也很可爱。

阿泰

A 高中生
B 查多查克
C 简单的摇滚与流行风
点评 他是被称为“王子”的偶像男孩。果然很帅啊。

弥娅奥认为最时尚的三个人揭晓

整体感觉大家都不错。
每个人都对自己的风格很有自信。
特别是女孩子的穿着适合泰国的气候，都选择了清爽的颜色。恰到好处的性感能让穿着锦上添花。

NICE！

提问内容：A 职业 B 购物经常去的地方 C 时下流行的要点

曼谷的原宿？萨伊亚姆广场篇

这一带确实有很多年轻人啊。将便宜的衣服稍加搭配也可以变得时尚吗？可能会有点苛刻，但还是要评论一下哦！

帕姆 24 岁

A 公司职员

B 萨庞普托市场

C 方便运动

点评 简单又充满活力。不过，过于简单了（笑）

萨伊 22 岁

A 大学生

B 萨伊亚姆的商场

C 清爽简单

点评 裙子再短一些可以显得更年轻。可惜啊！

高卢夫 27 岁

A 研究生

B 萨伊亚姆广场

C 轻松自在最重要

点评 穿着袜子还穿凉鞋？！啊，怎么会这样！在一起的女孩子好可怜（哭）。

普依 26 岁

A 研究生

B 萨伊亚姆广场

C 日韩风格

点评 上衣很可爱。胸前的项链成为亮点。

奥姆 17 岁

A 高中生

B 萨伊亚姆广场

C 让脚部看起来更美的衣服

点评 感觉就是普通的泰国人。

叶沐 26 岁

A 公司职员

B 萨伊亚姆的商场

C 喜欢连衣裙＋短裤

点评 稍微化点妆会看着更精神。

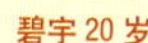

阿艾 24 岁

A 客舱乘务员

B 萨伊亚姆或查多查克

C 简单 & 皮包的颜色是重点

点评 整体风格不错。虽然简单，但与众不同。如果穿双有跟的鞋应该会更好。

达嘉 18 岁

A 大学生

B 因为居住在美国。所以一般在美国购物

C 舒适简便的风格

点评 牛仔裤的颜色不错。裤脚束紧脚部。但是胸前太过性感。(笑)

碧宇 20 岁

A 大学生

B 查多查克

C 独立风

点评 简单虽好，但头发过长失去了平衡感。

强普 16 岁

A 高中生

B 萨伊亚姆广场

C 以彩色 T 恤为着装重点

点评 T 恤的颜色很棒。但是改变一下戴帽子的方式会更好。

高璐丰 23 岁

A 家庭教师

B 萨伊亚姆广场

C 沉着稳重

点评 整洁、简便的着装在任何场合都没问题。

一沐 20 岁

A 大学生

B 中央国际

C 简单、清爽

点评 符合艺术系学生的特点。如果配上项链和腰带会更好。

阿东 24 岁

A 学生

B 查多查克

C 因为穿得太过简单，所以用帽子加以点缀

点评 带图案的鞋很好看。这身装扮不适合穿凉鞋，所以搭配没有问题。

高柳弗 25 岁

A 公司职员

B 查多查克

C 穿着舒适就好

点评 有点过于简单了。若戴一条项链会更可爱。

提问内容 A 职业 B 购物常去的地方 C 时下时尚的要点

时尚男士大集合
萨伊亚姆帕拉宫篇

不愧是高级商场。经常在这一带逛的人不会像年轻一族那样追逐时尚，而是创造自己的风格，享受时尚的乐趣。继续严格的品评！

嗯……

帕奥 24 岁

A 大学生

B 中央国际

C 看起来清爽自然

点评 牛仔裤的裤型很好看。属于日本人的着装风格。

奥克 39 岁

A 客舱乘务员

B 萨伊亚姆帕拉宫

C 喜欢帽子，所以总是会戴一顶

点评 泰国男性很少戴帽子。整体风格统一、时尚。

倪玉 25 岁

A 个体经营业者

B 萨伊亚姆中心

C 简单的着装配上彩色的背包成为亮点

点评 红色 iPod 盒子和背包是不错的点缀。

阿努 21 岁

A 大学生

B 萨伊亚姆广场

C 整体比较简单，宽发带成为亮点。

点评 既然整体是休闲运动风格，那么衬衣也应该是同一风格。

约翰 26 岁

A 钢琴教师

B 萨伊亚姆广场

C 项链和长袖衬衣是自己的标志

点评 带小猫标志的衬衣很可爱，但是整体来看有点过于简单。

提问内容：A 职业 B 购物常去的地方 C 时下时尚的要点

购

巴蒂 19 岁

A 大学生

B 查多查克或普拉托纳姆

C 要和别人穿出不一样的风格

点评 当下流行的围巾。裤子的颜色不错，我很喜欢。

阿品 25 岁

A 客舱乘务员

B 查多查克或普拉提纳姆时尚大卖场

C 因为急着出门，所以没有好好考虑

点评 穿着有点居家的感觉，真遗憾。仅仅涂上脚趾甲油就会不一样。

阿定 27 岁

A 客舱乘务员

B 查多查克或萨伊亚姆

C POLO 衫配牛仔裤是固定穿法

点评 泰国男性很少穿粉红色的 POLO 衫，很可爱。

阿奈克 30 岁

A 个体经营业者

B 萨伊亚姆的商场

C 因为喜欢摩托车，所以着装偏向狂野派

点评 虽然因为喜欢摩托车而这么装扮没有问题，但是这不是时下流行的东西。

总评

大家都很努力地扮靓自己，但还是有很多地方都让我觉得有点可惜，如果稍加改变会更好。泰国气候炎热，大家经常穿凉鞋，如果是女孩子应该穿带点跟的鞋，脚会显得更好看，涂上脚趾甲油会更显可爱。每个人都追求轻松舒适的感觉，这很好。但还是希望再努力打扮得时尚一些。泰国有很多男孩子只穿凉鞋而缺乏时尚感，但参加调查的男孩中很多穿的是可爱又漂亮的鞋子，真棒！只是整体来看都太过于简单。

令人高兴的是《Cawaii！》拥有大量的读者。从他们身上穿的衣服就能看出是读了我们的杂志，我们的读者比想象中的多，真令人惊喜。日本的时尚已成为泰国人效仿的样板。

我的点评是不是过于严厉了？不好意思啊。想要时尚，还需努力哦！大家一起加油吧。

疗

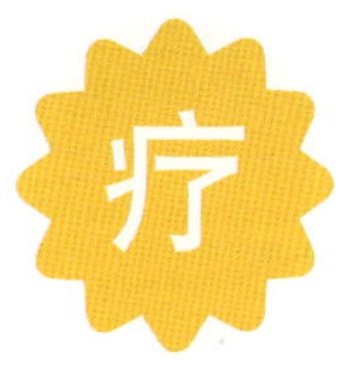

让你心情舒畅，
身心完全放松。

Relax in Bangkok

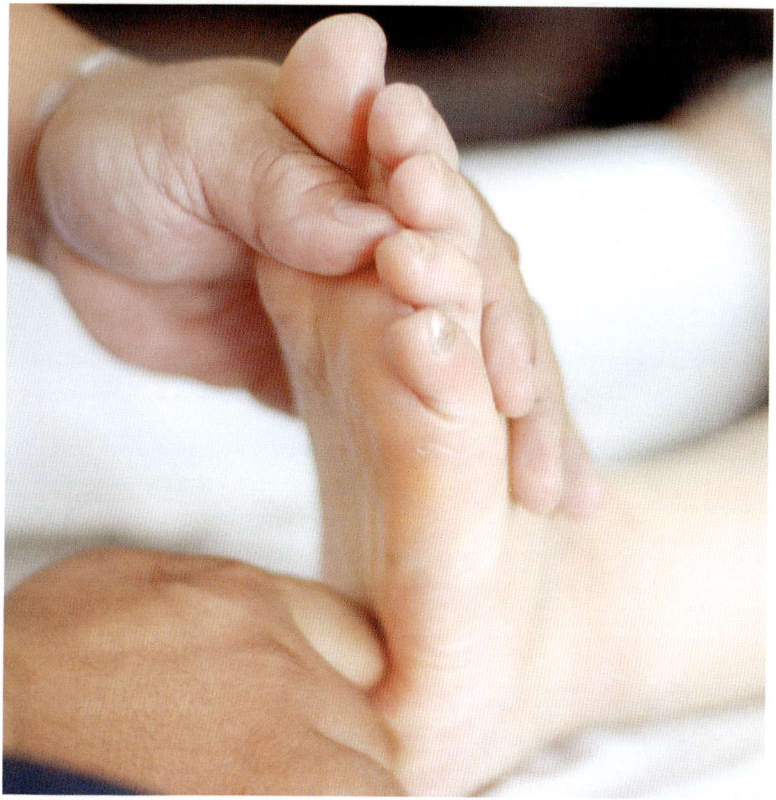

拉玛三世时期总结出的东方医学的智慧，如今还留存在卧佛寺正殿、回廊以及礼拜堂中。

泰国传统按摩的中心地
在卧佛寺学习按摩

近些年曼谷市出现了许多按摩院，如果想让身体和心灵都得到净化和放松，以涅槃佛闻名的卧佛寺是个不错的地方。2500 年前由佛祖释迦牟尼的主治医生口头流传下来的包含按摩在内的东方医学随着佛教一同传入泰国，为了推广这种医术，于是在卧佛寺内创立了泰国医科大学。之后，根据现在的国王拉玛九世的提案，正式成立了泰国传统按摩部，以及可以接受按摩服务的按摩东屋，这里成为了泰国传统按摩的中心地。你可以在卧佛寺静谧神圣的氛围中接受按摩服务，获得别处无法得到的心灵的平安。★

泰国传统按摩对治疗
肩周炎、体寒、腰痛
很有效！
宫原由佳

卧佛寺校长办公室

区 A2 地 392/25-28 Soi PenPhat1,Maharaj Rd.,Pranakhon, ☎ 0-2622-3533/0-2622-3551 营 08:00-17:00
行 附近没有 BTS/MRT 的站点，所以要乘计程车前往。告诉司机“卧佛寺”即可。
主页：http://www.watpomassage.com/　咨询邮箱：watpo.ttm@gmail.com

在这里工作的宫原由佳不论是公共事务还是私人关系方面都和我是很好的朋友，她是泰国第一个也是唯一一个外籍按摩讲师。她从学校毕业后，在这里的按摩东屋积累了五年的实践经验，如今作为一名讲师致力于培养新的治疗师。

从寺院步行五分钟到达湄南河，河边有一家卧佛泰国传统医学按摩学校，在这里可以上半天由佳的按摩课（预约制）。旅行时抽出半天时间轻松地去参加按摩课，然后将按摩的技法当做一种特产带回家如何？★

在学校学习泰国传统按摩的学生人手一件的独创 T 恤。当然半日课程的学员也能得到。

由佳教给我们三种能够立即实践的按摩方法

实践按摩之一

用两个手肘顺着一个方向按压。方法和左图的技法相同。我的肩周炎很严重，用这种方法进行按摩的时候，总能听到我的肩膀发出咯吱咯吱的声音，但是一点也不疼。按摩结束后肩周炎好像都好了。

实践按摩之二

由脚部形状得名“蹬自行车”。用脚底缓慢地踩压大腿内侧与膝盖内侧。对于消除腿部疲劳，缓解腰、膝部疼痛有功效。站着工作的人以及腿部容易浮肿的人一定要来试试。进行这样的按摩后，腿部会变得很轻松。

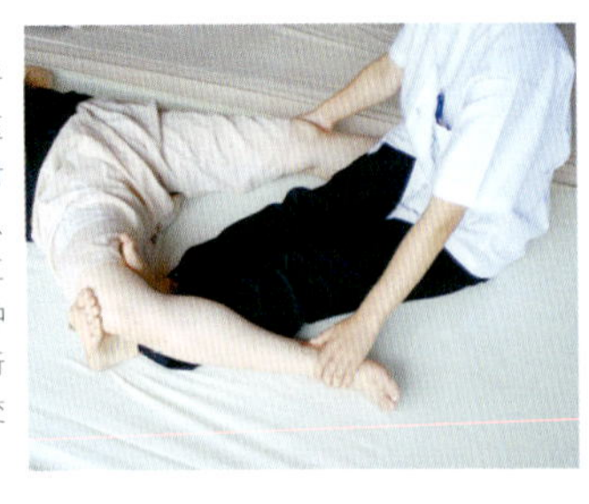

东屋有学生食堂和咖啡馆。尽情吃饱也只要 40 泰铢！眼前是湄南河上往来的航船，这里的景色是最好的。

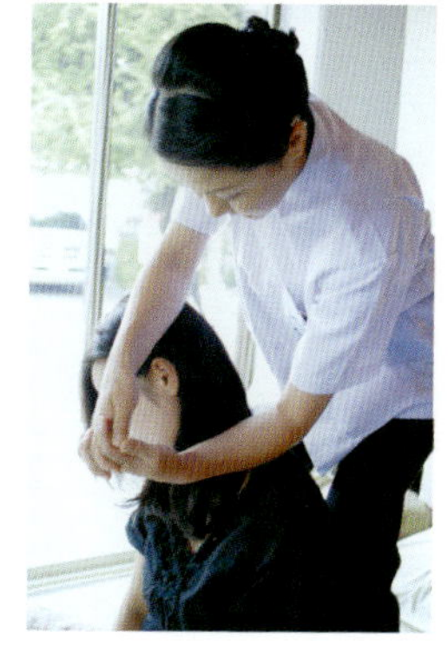

实践按摩之三

对肩膀和头部酸痛、头痛、眼睛疲劳有疗效。用肘部轻压肩部的能量线。渐渐地就会感觉到肩部的血液循环变得畅通起来。对于头部的放松有同样的效果。

“鲁西达通”是什么？

寺院里伫立着一尊姿势奇特的石像（见下图），这是什么？这尊神像摆出的姿势就是被称为泰式瑜伽的“鲁西达通”。“鲁西”是“神仙、修行者”的意思，“达”即“伸展”，“通”指“自己”，“鲁西达通”就是泰式伸展体操。“鲁西达通”起源于进行冥想的修行者放松自己的身体而进行的运动。

精选自农场有机栽培的新鲜香草球

首先，用蒸笼将装满香草的香草球加热。几分钟后，屋里会飘满香草那沁人心脾的清香味。

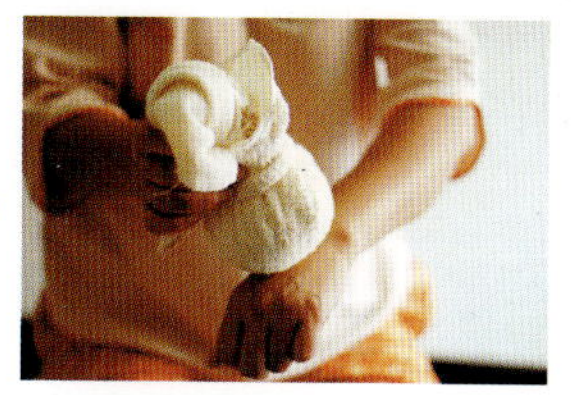

用毛巾包裹加热后的香草球，在接触客人的皮肤之前，治疗师一定要先检查温度。控制温度很重要。

推荐香草球治疗＋精油按摩
（90 分钟 1000 泰铢＋ 120 分钟 1200 泰铢）。
店主 加濑由美子

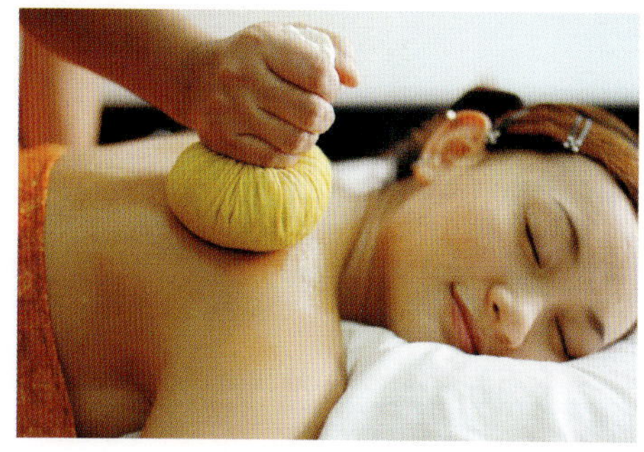

准备好之后，温柔地进行全身按压。在治疗过程中你会感觉到血液循环变得通畅，身体也变得热热乎乎的。

“使用泰国香草的传统医疗非常厉害。融合了许多老一辈人传下来的智慧。”香草球治疗按摩店“亚洲香草协会”店主加濑由美子如是说。所谓的香草球就是填充了各种香草的棉布包。将这个棉布包用蒸笼加热，然后进行全身按压，不仅可以缓解疼痛，还可以排出体内毒素，提高免疫力。这是一种有四百多年历史的传统医疗方法。

“九年前，我作为日本化妆品开发研究院的代表访问泰国，突然感到腰痛不能活动。那时我怀着将信将疑的心情接受了香草球治疗，一周的时间就痊愈了。”

“有了这次经验，我决心推广神奇的香草，于是离开了供职十五年的公司，一个人来到泰国。我去往使用香草的村庄里拜访了一位老婆婆，在乡间寺庙设立的香草蒸气浴室学习相关知识进行研究。最终，使用通过严格审查的农场有机栽培的香草，手工制作成了干燥的香草球。这其中倾注了我全部的热情和关注。”★

亚洲香草协会

区 D3　地（3 号店）20/1 Sukhumvit　☎ 0-2261-7401~3　营 09:00-02:00（截止受理时间 24:00）　行 从 BTS 普隆蓬站步行约三分钟。进入 24 号小路再步行约两分钟，路右侧即是。

足部按摩的高手，木师傅。总是温柔又和蔼，在治疗过程中丝毫不失专业精神。

泰国的神来之手？
木师傅，今天拜托你了

想要稍稍休息一下时，日本人一般会去咖啡馆，而在泰国人们都去足部按摩院。能随意、轻松光顾的店不少，而且价格合理，一小时约 270 ~ 380 泰铢。因为只需要坐在椅子上不用更衣，也不会把发型弄乱，所以可以借工作的间隙去做按摩。

我每次去苏克姆比特区，一定会去生意兴隆的“木师傅足部按摩院”，这家店的客人九成以上都是日本人。我问师傅，身为泰国人为什么名字是汉字，他说：“我的名字是‘托利’（木），不知从什么时候起，日本客人都开始叫我‘木师傅’。”

因生活忙碌感到肩部、脚部、
头部疲劳的人请到店里
来按摩放松。
木师傅

木师傅足部按摩 MOKU FOOT AND BODY

区 C3 地 106/7 Sukhumvit Soi 22

☎ 0-2663-4125 营 09:00-21:00

行 从 BTS 普隆蓬站步行 15 分钟。

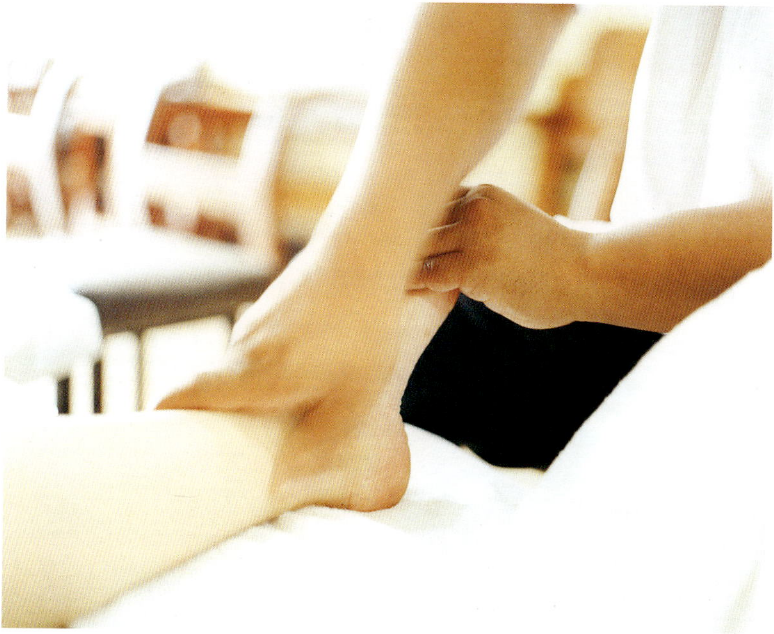

师傅的指头上有很大的按摩茧。“这是一项非常辛苦的工作，但是能让客人们满意还是值得的。”

木师傅在曼谷很有名气，是足部按摩的高手。他的名气不仅因为其过人的技术，也缘于他的好人品。他带着害羞的笑容和你交谈的样子让人觉得温暖，甚至连客人的心灵也得到了治疗。想要充分体验充满理疗氛围的高超技艺，预约的时候可以指定师傅的名字。

最有人气的足部按摩项目（300 泰铢）为台式脚底按摩。这种按摩方法通过给予脚部的反射区（神经与内脏器官相连）一定的刺激，促进相连的器官的运动。“感到疼的地方就代表那里有问题。如果按摩能使人们改变饮食和生活习惯就太令人高兴了。”木师傅这样说。他还用日语给我一些忠告：“这里是肾脏。要及时上厕所，不能憋着。”★

按摩店的外观。一般乘计程车经过时很难发现。这家店小巧舒适，店内设施很简单，只有一排椅子，但是干净舒适。

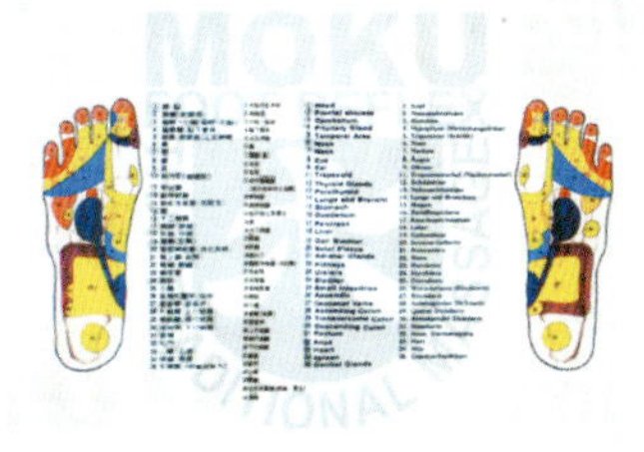

足底反射区图。看着这幅图接受按摩时，就能清楚地知道自己身体哪里有问题。通过刺激脚底穴位促进血液循环，可以缓解不适的症状。

09:00

在大都市曼谷，2007 年开业的 TRIA 综合健康中心倡导在奢华的环境中获得健康美丽，并成为一时的话题。散发着奢华气息的建筑物里被划分为水疗、替代治疗、健康运动、餐饮四大区域，其豪华程度使人不由得会向工作人员询问这里也有酒店吗？这里还有两个宽敞的室内按摩浴池，屋顶有一个泳池，所以不要忘了带泳衣啊。带上一本书在泳池边悠闲地阅读也是不错的选择。

TRIA 为客人们准备了热石疗、海草身体护理等各种治疗项目，如果只待一两个小时就太浪费了！你不想享受着由各种项目组合而成的套餐服务悠闲地度过半天时光吗？在以自然与整体性为理念的 TRIA，最值得推荐的就是印度草医学治疗套餐。不仅包含有治疗，还有由专科医生进行的心理咨询服务或有机餐厅的午餐，内容十分丰富。这里能帮你实现从内而外散发美丽光彩的梦想。★

09:30

辅导：印度草医学医师为你视诊、问诊、脉诊、触诊，来判断你的身体状况。然后会提出适合你身体状况的治疗方法。

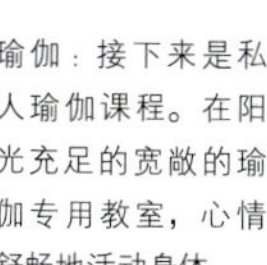

10:30

瑜伽：接下来是私人瑜伽课程。在阳光充足的宽敞的瑜伽专用教室，心情舒畅地活动身体。

12:00

午餐：在名为"one ture"的餐厅吃自助有机午餐（一个人 350 泰铢）。吃健康食品能从内而外变美丽。

14:00

印度草医学：开始印度草医学治疗！有全身精油按摩、头部精油按摩、额头滴油按摩三种。照片上是额头滴油按摩疗法，是一种使用精油的头部按摩。随着按摩的进行，全身得到放松，渐渐进入昏睡状态……

17:00

水浴按摩：治疗结束后再轻松地享受水流按摩。这里有两个水流按摩浴池，都没有时间限制，可随意使用。

TRIA 综合健康中心 TRIA INTEGRATIVE WELLNESS

区 D2 地 998 Rimklongsamsen Rd.,Bangkapi,Huay Kwan,

☎ 0-2660-2699 营 8:00-18:00（接待截止时间 17:00）

行 仁爱医院隔壁。距拉玛九世高速公路出口不到一公里（从素万那普机场往市区方向，途中可以看见道路左侧的仁爱医院）。从苏克姆比特大街同罗区乘计程车约 10 分钟。

价 印度草医学排毒治疗套餐 12164 泰铢。

男士也可以一起享受水疗的好地方

科莫珊巴拉

区 C3 地 The Metropolitan Bangkok, 27 South Sathorn Rd.

☎ 0-2625-3333 营 8:30-21:30 行 MRT 伦比尼站 2 号出口。从萨通南街一进去就可以看见素可泰王朝酒店和悦榕酒店。一过悦榕酒店就可以看到大都会酒店的广告牌，从那里左转，在大都会酒店的二楼。

价 科莫珊巴拉按摩 60 分钟 2200 泰铢，90 分钟 3000 泰铢 / 深层组织按摩 60 分钟 2200 泰铢，90 分钟 3000 泰铢。

“水疗是女性专属的”，“虽然知道男性也可以做水疗，但还是觉得不太方便去”，有这种想法的男性应该不在少数。和恋人或妻子一起来曼谷旅行，男人都会说“你一个人去做水疗就可以了，我在附近什么地方等你”，这样一来难道不会感到寂寞吗？以前我的丈夫和一些男性朋友就是这样的。但是，一旦下定决心去尝试一次水疗，他们就会惊奇地对水疗大加称赞：“和按摩完全不同啊，有治疗的效果，感觉很舒服。”

话虽这么说，以前能够踏足“女性专属领地”的水疗地都是很有勇气的人。我想向初次体验水疗的男性朋友推荐概念酒店大都会酒店二楼的科莫珊巴拉。理由有三：

1. 室内装饰简单又有特点，营造出符合男性顾客气质的环境。

2. 使用无男女差别的香油散发出清新的香气。

3. 较多进行缓解疲劳和压力的治疗。

这次和我一同前去采访的男性编辑就在这里第一次尝试了水疗。“因为是第一次尝试，不太了解情况，所以刚开始有点紧张。但是室内装饰和环境让人很安心，治疗师也十分温柔，所以很容易就放松下来了。这里还有按摩浴缸呢。”男性朋友也可以果断地前去尝试一下哦。你一定会成为水疗的爱好者的。★

近来开始销售水疗杂志男士版，证明全世界男性水疗爱好者在不断地增加。

想把泰国水疗的美好体验带回日本的人，可以买一些水疗产品带回去。水疗产品中都会使用丰富的香草类原料，近来含有泰国香草的水疗产品备受瞩目。

我想买些水疗产品当做礼物送给那些工作繁忙的朋友，有两个品牌值得推荐，其中一个是在世界25个国家销售的源自泰国的原创品牌“涵庭”。向涵庭的日本店员田村咨询时，他说：“我们店里的天然香皂是驻泰国工作人员的太太们必买的产品，非常出名。”男性朋友们也都对这款产品赞不绝口，“香味可以放松心情，用过之后皮肤会变得很光滑。”

另外一个要推荐的是一家在曼谷人气一直不减的老字号水疗店“迪瓦纳·水疗馆”。以前只能在水疗店买水疗产品，现在在萨伊亚姆帕拉宫开设的商店里很容易就能买到水疗产品。★

将水疗产品带回家

由百分之百纯天然原料制成。用自然的力量滋润您的身体。

宣传人员 阿虹

从玫瑰、葡萄、熏衣草、茉莉四种系列中选择自己喜欢的香味。“想要达到排毒效果的话，我推荐葡萄味的。很多日本的顾客都喜欢玫瑰味道的。”宣传人员阿虹这样对我说。因为产品是无刺激的，所以敏感肌肤的人也很喜欢用。

迪瓦纳·水疗馆

区 C3 地 7 Sukhumvit Soi25 ☎ 0-2661-6784

营 平日 11:00-23:00/ 周六日 10:00-23:00 行 从BTS阿索克站步行10分钟。进入25号小路再步行约200米，左手边。

涵庭

加入海草萃取物和迷迭香、薄荷、酸橙等香料的沐浴啫喱。410 泰铢。

红米、白米、黑米的三种香皂套装为 480 泰铢。

（从左开始）莽吉柿、柠檬草、玫瑰果茶的天然香皂。每个 135 泰铢。

生姜和橙子味道的香薰罐 1250 泰铢。素烧的陶器也是泰国产的。

这里卖的产品是在水疗馆的治疗中实际使用的产品。

盖伊森店店员

涵庭 HARNN&THANN

区 C2 地 Room 3F-06,Gaysorn Plaza 3rd F1.999 Ploenchit Rd. ☎ 0-2656-1423 营 10:00-20:00 行 从 BTS 阿索克站步行 10 分钟。进入 25 号小路再步行约 200 米，左手边即是。

利落出门，轻松归来
不会淋到雨，距车站超近的酒店！

BTS 岂特罗姆站与 BTS 萨伊亚姆站有通道相连，所以即使在下雨天去萨伊亚姆也不会淋到雨。

市场主管 帕纳鹏

直接与岂特罗姆站相连！

眼前就是在当地泰国人中极有人气的能够实现愿望的安拉旺祠堂。与 BTS 直接相连的百货公司、盖伊森以及酒店之间都有通道相连。

曼谷洲际

区 C2 地 973 Ploenchit Rd. ☎ 0-2656-0444

行 BTS 岂特罗姆站前。

酒店内大受欢迎的健康泰国料理餐厅“巴兹尔”准备有外语菜单。

公关经理 犹迪卡

与阿索克站相连！

眼前是罗宾逊百货商场以及超市，想简单买点东西还是很方便的。从地铁苏克姆比特站步行5分钟。

喜来登大酒店・苏克姆比特

Sheraton Grande Sukhumvit

区C3 地250 Sukhumvit Rd. ☎0-2649-8888

行从BTS阿索克站检票口出来的通道与酒店相连接。

比计程车便宜，比公交车速度快，比步行舒适的还要数BTS。对于旅行中的我们来说它是不可或缺的交通工具。如此便利的BTS的车站如果位于酒店门前，出行就会更加便利和舒适。即使回来得晚了也不要紧，因为酒店就在车站跟前让人很安心。下面介绍三家集这些优点于一体的有代表性的“近车站酒店”。

距盖伊森或中央国际等有名的百货公司步行三分钟，位于BTS岂特罗姆站跟前的就是“曼谷洲际”，对喜欢购物的人来说是再合适不过的地方了。其次是，与苏克姆比特大街的BTS阿索克站相连的喜来登大酒店・苏克姆比特，这家酒店有很多华丽的餐厅和俱乐部。最后要介绍的是王室御用酒店杜斯特舍妮・曼谷。它处于同时靠近BTS萨拉丁站和地铁希罗姆站的好位置。★

距萨拉丁站超近！

与酒店并设的天上花园水疗馆获得过众多奖项，吸引着来自全世界的女性顾客。

杜斯特舍妮・曼谷

区C3 地946 Rama Rd.,Silom ☎0-2236-9999

行BTS萨拉丁站、MRT希罗姆站前。

省去一切华丽的装饰，使人感受到简约主义之美的室内设计。在雅致时尚的环境中充分体味安宁的酒店生活。

一住进去就会感受到艺术气息的创意酒店！

身为室内装饰设计师的店主，抱着“我想设计出小巧舒适，能够享受到热情服务的时尚酒店”这样的想法开办了这家“S15”酒店。说起概念酒店，一般会给人是面向年轻人的印象吧？但是这里的室内设计风格独特，省去了不实用的华丽装饰，营造出让上班族、成年人放松的空间。其中最具有艺术美感的是用间接照明法照亮的走廊两端整面墙上装饰的泰国风景照片。让我惊讶的是，这些照片竟然都是店主的摄影作品，他真是天生的艺术家啊！对于喜欢沐浴的日本人来说，令人欣喜的是浴缸和淋浴间是完全分开的。酒店的设计水平自不必说，功能性和使用的方便性都被考虑到了，因此这家酒店一开业就跻身曼谷最具人气的几家酒店之一。★

疗

请将这里当做自己在曼谷的家，这里可以让你充分地放松身心。

店主兼设计师

萨隆

杜斯特舍妮・曼谷

区 C3 地 217 Sukhumvit Soi15 ☎ 0-2651-2000 行 从 BTS 阿索克站步行 3 分钟。位于苏克姆比特大街 15 号小路的入口处。

概念酒店融合了店主的喜好和观念，能够享受到在其他地方无法体会到的空间感。如今的成年人在选择入住的酒店时，不仅仅要看名称和地理位置，同时还会参考酒店的室内设计。

曼谷有好几家概念酒店，但是最先要介绍的一定是这两家。首先是"曼谷大都会"。来自新加坡的老板想要营造一个时尚且高档的空间——一家能够招待来自全世界的朋友的酒店，于是有了这家店。在这里投宿的工作伙伴对我说："身在房间中，就像是自己的房间一样轻松自在，工作进行得非常顺利，还能悠闲地读读书。"

请您在时尚洗练的空间中
彻底放松心情。
宣传担当阿慧

第二家是"曼谷之梦"，是在纽约得到好评的"纽约之梦"的姐妹店。本以为极具个性的室内装饰和照明会给人不愉快的感受，但友善的店员周到的服务却让人身心愉悦，真是一家不可思议的酒店啊。这里还是来自欧美的名流们的专用酒店。★

顶层高级套房有大落地窗，宽敞通风的起居室和餐区。登上楼梯二层的书房与卧室相连。

曼谷大都会 MetroPolitan Bangkok

区 C3 地 27 South Sathon Rd. ☎ 0-2625-3333 行 地铁伦比尼站 2 号出口。一进入萨通南街，左手边是素可泰酒店，同时可以看到悦榕酒店，悦榕酒店旁边就是曼谷大都会。

房间的照明采用的是使人能够进入深度睡眠的"蓝光治疗"的灯具。就好像置身于大海之中！

木块拼花图案的瓷砖拼贴的屋顶和墙壁，如此现代的设计与会客厅正中的佛塔形成了一种不可思议的空间。

曼谷之梦

区 C2 地 10 Sukhumwit Soi15.
☎ 0-2254-8500 行 从 BTS 阿索克站步行 5 分钟。从苏克姆比特大街 15 号小路进入前行 200 米右侧。

酒店并设的餐厅、酒吧"Flower"，每到周末就变成萨尔萨舞和探戈的俱乐部，欢迎您来玩。

主管 梵琪尼

泰国国际航空将我和泰国联系在一起

因为一则“趁着年轻去泰国”的广告，我去了泰国并被它的魅力所吸引。实际上那是泰国国际航空的广告。在我19岁时，泰国对我来说是一个完全未知的国家，那时这句特别的广告语给我带来了很大的冲击。

但是当时还是学生的我，为了节省旅费，乘坐的并不是直达航班，而是价格低廉的航空公司的航班。

我暗下决心，什么时候步入社会能够自由支配收入了，我一定要乘坐憧憬了很久的泰国国际航空。

疗

在日本进入公司工作后，终于等来了这样的机会。那天的喜悦心情现在想起来就像发生在昨天。从那时起，每次去泰国只要有空位，我一定会乘坐泰国国际航空。我想是从与那则广告相遇时开始，就算不是初次去泰国，但是每次坐飞机都能找回当初的新鲜感。★

还有很多茶、果汁、酒，饭后可以选择喝咖啡、红茶或绿茶。
泰国人也挺喜欢喝绿茶的。

泰国国际航空飞机内能够品尝到泰国的啤酒。左边是狮牌啤酒，右边是象牌啤酒。

如果累了可以快快回酒店、
但我想打起精神去游玩

Play in Bangkok

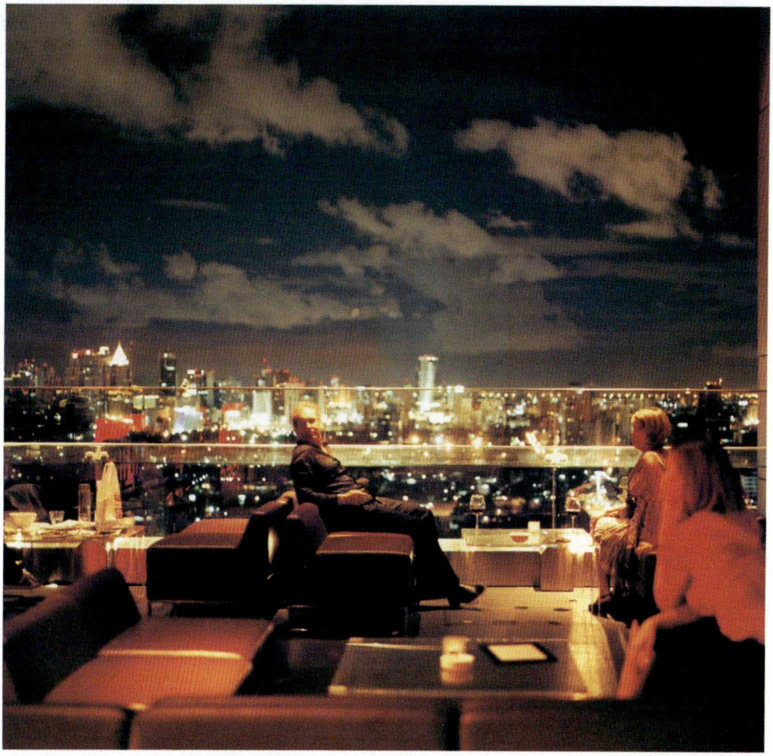

想感受梦幻的人和想带给别人梦幻的人都
向往的 360 度群星璀璨的世界

一位泰国男性友人告诉我"如果和女孩子约会一定要来这里！"这就是位于千禧希尔顿酒店32层的爵士酒吧"THREE SIXTY"。曼谷市内有几处可以眺望夜景的酒吧，但是却没有一处像这里这样拥有强烈的诱惑力。

因为可以欣赏到360度的夜景，所以这家酒店被命名为"THREE SIXTY = 360"。从这家酒吧看到的夜景之美，如果说整条街道仿佛镶满了宝石也不为过。走入酒吧的一瞬间，你肯定会情不自禁地发出感叹之声。

对成年人来说，营造高级的空间，音乐和美酒是必不可少的。这里每晚九点开始可以欣赏到现场演奏的爵士乐。同时，还有我最喜欢的一定要品尝的鸡尾酒"Grilled Orange Margarita"。这种酒浸泡出了肉桂、丁香等香草的清香，再配上熏烤过的香橙，和普通的玛格丽特的味道完全不同。★

欢迎您来品尝美味的鸡尾酒，欣赏华丽的夜景，度过难忘的曼谷之夜。

调酒师 哈克

THREE SIXTY

区 B3 地 123 Charoennakorn Rd.,Klongsan

☎ 0-2442-2000 营 17:00-01:00 行 从BTS萨庞泰可新站下车，乘坐计程车10分钟。或者在离车站最近的码头乘坐开往千禧希尔顿酒店的船约10分钟。从河滨区也有船进出，需要航行10分钟。

大家围坐在一起的幸福

Long Table

区 C3 地 25F Column Residence Sukhumvit Soi16 ☎ 0-2302-2557

营 10:00-02:00（周六日无午餐）

行 从 BTS 阿索克站步行 10 分钟。拉恰达彼塞克大街与苏克姆比特 16 号小路之间的柱形塔 25 层。

坐在露台席里一边欣赏夜景一边品尝的鸡尾酒是最美味的。

酒吧经理 露丝

Long Table 以聚集了许多曼谷上流社会的人而出名。这里有两个“泰国第一”：首先正如它的名字，店里有泰国最长的桌子；其次这里的酒吧经理是在鸡尾酒大赛中夺得泰国第一桂冠的女性调酒师。

独有的鸡尾酒是酒吧经理露丝创作出来的。在普通的鸡尾酒中加入香草等泰国特有的香料，味道具有强烈的冲击感。女性调酒师本来就很少见，还能在比赛中获奖，真是非同寻常啊。露丝说：“前任男友就是调酒师，他总是将我的事搁在一边，心里

这家店的创意是"Are you ready to share？"和一大群人在一张桌子上共享快乐时光吧。

游

只有工作，让我感到很寂寞。分手后，我在想到底是什么样的工作让男朋友如此着迷，接触这份工作之后我决心要做出比他做的更美味的鸡尾酒，于是就有了今天的成绩。"那个前任男友如果当时没有忽略露丝而让她伤心，也就不会有第一女调酒师了。露丝向我推荐了加有木槿果汁的"Bangkok Cosmopolitan"和散发出柠檬草香味的"Long Table Margarita"。★

店虽小却很舒适，很适合悠闲地小酌一杯。店主养的看家狗也为这里添加了些许家的气氛。

喝够了啤酒来杯红酒怎么样？

GAARAN

区 D3 地 10/15 Sukhumvit Soi26, Klongton

☎ 0-2261-6374 营 19:00-24:00

行 从 BTS 普隆蓬站步行 10 分钟。沿苏克姆比特 26 号小路前行 100 米，再转到右手边的小路，前行 30 米，在右侧。

到这里来的客人都成了朋友，带给这里无尽的欢乐。

店主 目黑真由和丈夫李图

啤酒虽然很好喝，但偶尔有没有想悠闲地品尝一杯红酒？在这几年的红酒热中，能够品尝到红酒的酒吧也增加了不少，但是在炎热的泰国保存红酒是一件很困难的事，所以能喝到真正的高品质红酒的店并不多。不过，一个做饮料总管的朋友十分肯定地说，即使是十分挑剔的红酒爱好者，“V9”和“GAARAN”也能让他满意。

V9 位于索菲特大酒店·希罗姆酒店的 37 层，到 2008 年 10 月就开业 6 周年了，它可以算是引领泰国红酒流行的酒吧。这里的酒并没有因为是高级酒店的酒吧而很昂贵，V9 也有一瓶 600 泰铢左右物美价廉的红酒。除了住店的客人，来这里的还有曼谷人以及住曼谷的外国人。我和一些在希罗姆或萨通附近的写字楼上班的朋友，每次也都到这里来喝红酒。

还有一家酒吧得到了住曼谷的日本女性绝对的支持，她们评价说“这是一家即使一个人来也能安心品酒的酒吧”，那就是位于苏克姆比特的 GAARAN。来自日本的女性饮料总管，与原泰拳冠军的丈夫一起在三年前开办了这家酒吧。吧台上总是坐满了一边聊天一边品酒的客人。店主真由以及来这里的客人都是性格直爽的人。如果想收集曼谷的信息，就可以到这里来。★

如果您不清楚喝到的是什么样的红酒，请您尽管提问。

调酒师 尼克

将三种酒分别倒入三只杯子品尝，这种称为“WINE FLIGHT”的品酒套装如何？

乘电梯至 37 层，一打开门就为通道里陈列得满满的红酒感到震惊。这里储存的红酒超过 100 种。

V9

区 B3 地 Sofitel Silom Bangkok 188 Silom Rd. ☎ 0-2238-1991 营 17:00-02:00 行 从 BTS 琼侬希站步行 5 分钟。走出车站向希罗姆大街方向左转，前行 200 米右侧有“索菲特大酒店 · 希罗姆”。在这家酒店的 37 层。

RCA

区 D2 地 不同的店铺有别 行 位于拉玛九世大街和裴普利大街之间。附近没有车站，请乘计程车前往。告诉司机去“RCA”他们就能明白。从苏克姆比特或萨伊亚姆出发约 15 分钟即能到达。

俱乐部还是要去 RCA 精心打扮后出发！

没错，RCA（王室市政大街的缩略）是曼谷市内周末时间最热闹的地方。大音响播放着 Hiphop 或浩室舞曲的音乐，这里是大型俱乐部云集的一大俱乐部区。每到周末，过了晚上九点路上就挤满了上层社会的泰国年轻人。

这里的店都充满时尚气息，丝毫没有做作的感觉，"明亮"、"快乐"、"热烈"的气氛让人不由得想到"真不愧是南洋泰国，一下子就能融入到这个开放的环境中"。这里主要集中的是 20 多岁的年轻人，但是偶尔也有三十来岁的人在这里尽情舞蹈。来这里的游客敬请放心，在这里可以没有任何距离感尽情享乐。

心情不好的人、想和曼谷人混在一起尽情享受夜生活的人，大家都装扮入时前往 RCA 吧！★

808

在俱乐部林立的RCA，我最常去的是“808”。有三个原因：1. 这里有曼谷最棒的高水准音响系统，音质很不错！2. 这里经常举办一些活动，会吸引来自世界各地的知名DJ。3. 每周六举办活动，热闹之极一定能让你玩得尽兴！

其实还有一个原因是不能大声说出来的，那就是我是个非常喜欢喝酒的人（笑）。每周五到这家店来，男士花500泰铢，女士花350泰铢就可以无限畅饮。这对喜欢喝酒的人可是不可漏掉的宝贵信息哦。总之，周末的时候到这里来尽享美酒和音乐吧！“夜生活座谈会”中提到的米泽（参见第146页）就在这家店里做VJ。★

游

情不自禁地舞蹈！世界知名的DJ也会光顾的“808”

来亲身感受在曼谷最近大热的俱乐部区吧！

经理 戴彼德

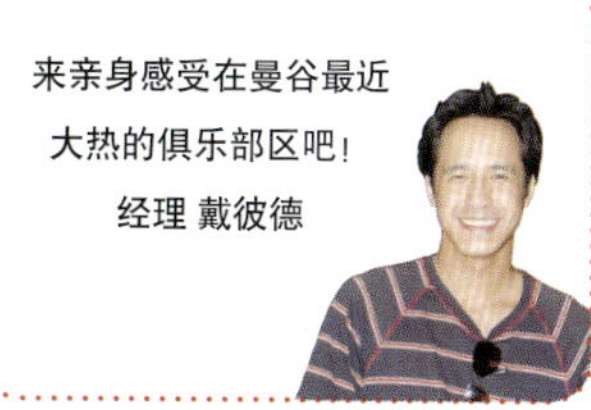

你听说过水烟吗？那是在中东地区常见的一种烟。我想在曼谷寻找可以吸这种水烟的地方，于是去了阿拉伯人街区有水烟的咖啡馆附近，但是却觉得有些难以靠近。

正当我踟蹰不前的时候，发现了摩洛哥风格的酒吧兼俱乐部“Gazebo”，这里可以抽到水烟，无论打扮时尚还是穿着一般的客人都可以进去。从电梯出来右侧是一个户外餐厅和酒吧，在这里可以抽到水烟。酒店的前面有 BTS 的线路，坐着电车前行在夜幕下的曼谷，可以一览“现代都市曼谷”的夜景。另外，酒吧的左侧是奇幻的摩洛哥风格的俱乐部，有时在酒吧里享受美酒和水烟的客人会随着音乐扭动身体舞动起来。

想放松的时候，我会到这里来和朋友一起沉浸在香甜的气味中，品尝水烟的同时享受着聊天的快乐，这已经成为固定的“节目”。在缓慢流动的空气中享受水烟和美酒是最放松的时刻。★

眺望着架在空中的铁路 抽一口水烟放松下来

酒吧的后面摆放着水烟烟斗。有苹果、葡萄、草莓和香草味道的，350 泰铢起价。

Gazebo

区 C3

地 29 Sukhumvit Soi1

☎ 0-2655-2375~6

营 18:00-03:00

行 从 BTS 奔集站步行 5 分钟。位于苏克姆比特 1 号小路入口处建筑物的楼顶。

店里摆放着古典家具
仿佛身在代官山的咖啡馆

在店外摆放的桌子旁，大家手里端着酒杯热情地交流着。将这里作为规划第二天行程计划的场所如何呢？

在泰国非常活跃的日本 DJ 朋友告诉我“在熟人开的店里有个时尚又让人安心的酒吧”，这家酒吧就是个性人群聚集的私馆酒吧“Shades of Retro”。

这家酒吧的老板保伊被店里的客人（无论泰国人还是外国人）称呼为“噼·保伊（噼是兄弟姐妹的意思）”，由此可见他多么受大家的爱戴和信赖。

“我放置了一些自己喜欢的古典家具在这里，播放喜欢的音乐，还有我喜欢的酒……所以这里就像我的家。来这里的顾客就像是来家里玩的尊贵宾客”，正如保伊所说，这里有一种不可思议的魅力，能让到这里来的人感到放松和安心。

“如果每个人都心情舒畅，那么身为老板的我也会很高兴。”听保伊这么说，我就明白了这家店的宗旨。这里时尚的装饰和音乐散发出现代气息，泰国人特有的乐活心态以及热情待客之心等，让人感到心情无比舒畅。而且，这家店物美价廉，啤酒最低 100 泰铢，鸡尾酒从 120 泰铢到 200 泰铢不等。★

音乐缓缓地流淌着，可以和朋友悠闲地品酒谈天。

老板 保伊

Shades Of Retro

区 D3 地 808/12 Soi Tararom 2Thon glor

☎ 08-182-48011（携带电话）

营 14:00-24:00

行 从 BTS 同罗站步行 10 分钟。转入同罗 18 号小路与 20 号小路之间的 Tararom，前行 20 米右侧。

酒好、料理棒、心情也不错 想经常光顾这样的店

这家店的经营理念为“不要客气！”。能让店主人发出如此豪言的便是位于艾卡玛艾21号小路的餐厅兼酒吧“TUBA”。这里环境优雅让人倍感舒适，不由得会想多待一会儿。身为家具店老板的阿桐用多年收集的古典家具和器具精心装饰店内，在这家店里可以感受到一种说不清的趣味。

各式各样的家具起到了划分空间的作用，所以每张桌子都将房子一分为二。到这家店来“别客气”，不用介意其他的坐席，可以和朋友一起尽情享受美食。

这里准备有泰国料理和意大利料理。说到意大利菜一般人都认为应该去专营意大利菜的餐厅吃。我带着不确定的心情点了餐，没想到尝到了无与伦比的美味。这里的泰国料理也十分可口。这儿的主厨手艺可真棒啊。下午五点到晚上八点是“欢乐时光”，酒水买一送一，而且鸡尾酒杯是普通的两倍大。我和喜欢喝酒的朋友当然会瞅准这个时间到这家店来。“就当做是到朋友家一品美食，请您放下顾虑光临本店。”阿桐的话让人心情轻松愉快。★

请您放松心情悠闲地品尝美酒和美食。不必客气！

老板阿桐

TUBA

区 D3 地 34 Ekamai Soi21

☎ 0-2711-5500

行 从BTS艾卡玛艾站乘计程车5分钟。进入21号小路前行50米左手边。

如今的艾卡玛艾好玩吗？

听说最近艾卡玛艾很热闹，我便抓紧时间来看看。看到那里的巨大变化让我吓了一跳。街上出现了大型时尚俱乐部，让人误以为来到了东京。一到周末，这里汇集了大量喜欢参加派对的时尚人士和上流社会的曼谷人，真是热闹非凡。五、六年前比起附近的同罗，艾卡玛艾还有些冷清，但却是一个有很多美味小吃摊的地区。如今这是却发生了天翻地覆的变化，成为曼谷上流社会年轻人汇集的地区。

这一带的俱乐部和RCA的俱乐部略有不同，虽然也有DJ播放音乐，但更多的是泰国人喜爱的乐队现场演奏。从泰国流行乐到西洋乐风格多样，走到哪里都有大音响播放。舞台前挥汗如雨热情舞蹈的人，使这里更加热闹。最近，“Nuglen”和“JET”这两家店人气很旺。一杯啤酒大约在120泰铢到150泰铢。等朋友们聚齐了，开一瓶俱乐部里必备的威士忌“黑尊尼”，按照泰国人的方式来尽享一下美酒和音乐吧。

建筑物周围被树木围绕着，就像藏在树丛里，可能有点难找。门口写着"TUBA"的霓虹灯。

来“Cheap Charlie’s”喝上一杯吧！

我还没有发现比这里便宜的酒吧，这就是苏克姆比特 11 号小路里的酒吧“Cheap Charlie’s”。一杯酒最低只要 60 泰铢，最高不超过 100 泰铢。这个价格在曼谷市中心可是最便宜的了。

人们成群结伴地到这家店里来畅饮，当然也有很多人是为了节约酒钱而到这里来。说到苏克姆比特 11 号小路，那里还有很多贝德萨潘俱乐部、Q 酒吧这些为人熟知的俱乐部和酒吧。

这家酒吧没有空调和音乐播放器，只是在室外摆着几个吧台，提供有小桌椅和风扇，设施非常简单。那种无拘无束的感觉很不错，建议您有时间去看看。★

Cheap Charlie’s

区 C2 地 Sukhumvit Soi11

☎ 0-2253-4648

营 19:00-01:59

行 从 BTS 那纳站步行 5 分钟。沿着苏克姆比特 11 号小路前行 100 米，再转入右手边的小道即是。

曼谷

特别篇

从这里开始，下面介绍的将是夜生活座谈会、曼谷郊外游、塔姆的新作漫画等等，请您继续阅读！

这些年，曼谷的俱乐部高速发展。《Dude》杂志邀请了几位身为DJ或VJ的备受瞩目的艺术家，让他们来介绍好玩的地方和活动信息。下面由他们为我们介绍在曼谷人气比较高的俱乐部区以及如何玩转曼谷特有的俱乐部。

不同的地方有不同的音乐风格和顾客群

——在曼谷，俱乐部都集中在什么地方？

多映子：RCA、拉恰达、苏克姆比特的11号小路、同罗和艾卡玛艾、希罗姆的4号小路以及帕蓬周边。

庭山雅行（以下称为庭山）：但是这些地方的风格都不一样。希罗姆的4号小路的俱乐部比较注重音乐，开店的时间也很久了。这些店经常播放着浩室舞曲，有很多打扮入时的男同志光临。最近大家谈论比较多的是同罗和艾卡玛艾，与其专程去听音乐，不如打扮时尚些去感受店里奢华的气氛，好像这才是去俱乐部玩的重点。顾客群主要是泰国上层的人。

多映子：同罗和艾卡玛艾有现场乐队和DJ轮流为大家提供音乐。来这里的顾客并不是为了享受高质量的音乐，而是为了感受热闹的气氛。这儿有很明显的社交场所的特点。

米泽健（以下称为米泽）：是啊是啊，一边吃饭、喝酒，一边听音乐，喜欢热闹就是泰国人的性格。

庭山：这么说来，有很多泰国人的拉恰达的俱乐部也是这样。那里的高级版就是同罗和艾卡玛艾。

曼谷的夜生活座谈会

多映子：大家都会打开威士忌的瓶子围着桌子吵吵嚷嚷地喝。

庭山：差不多就是这样。相比起来，专程去希罗姆听音乐的人也不少呢。

大型俱乐部集中的艾卡玛艾

——在同罗和艾卡玛艾，人们常去的俱乐部是哪里？

多映子：大概是桑叠卡和“曲线”吧。那里总是挤满了泰国的年轻人。因为大型俱乐部总是挤满了人，所以艾卡玛艾经常交通堵塞（笑）。

——这样啊。同罗和艾卡玛艾距离很近，却不一样是吗？

庭山：同罗小巧、雅致，有很多凝聚了店主风格的酒吧。艾卡玛艾那里都是大型的俱乐部。不仅是俱乐部，就连超市、按摩店等全都是大型的。同罗那边可以很悠闲地喝东西，想要放松的时候我经常去同罗那里。

米泽：我的大部分泰国朋友都去艾卡玛艾那里，偶尔他们叫我去的时候我才会去。

——嗯，想要放松的时候去同罗，想要热闹的时候去艾卡玛艾。苏克姆比特的 11 号小路那里集中了一些什么样的俱乐部呢？

多映子：那里很多俱乐部的顾客群不仅有泰国人还有外国人。老字号的贝德萨潘和 Q 酒吧很有名。最近有一家外国人经营的名为摇摆共和国的大型俱乐部刚开业。这条小路上有老字号的时

尚酒吧、便宜的酒吧、时尚酒吧等等，选择非常多。想吃美食也可以去俱乐部。这条小路上什么都有，很方便。

——俱乐部的圣地 RCA 现在怎么样？

庭山：那里一直以来就是年轻人必去的地方。但是和过去比起来，这里的环境变得越来越奢华。

——RCA 的音乐风格变了吗？

庭山：以前主要是放摇滚乐等很有男人味的音乐，近来增加了 Hiphop 风格的音乐，也有俱乐部风格的音乐。

多映子：来泰国观光，如果想和泰国的年轻人一起热情地舞蹈，一定不能错过 RCA。

庭山：可以一家接一家地光顾这些店，很有意思。

——那么，拉恰达呢？距 RCA 虽然不远，但环境还是不同吧？

庭山：现场有乐队演奏。听着演奏大家一边唱歌一边跳舞。

多映子：但是比较华丽的名为 INCH 的俱乐部开业后就有些改变了吧？

米泽：从地方上来的人比较胆小，不太会去 RCA，而是去拉恰达。先去有现场演奏的俱乐部，之后去俱乐部风格的 INCH，最后是 RCA（笑）。所以拉恰达还是有很多刚从地方上出来的学生光临。

与 DJ 近距离地接触

轻轻松松拍照片

——庭山是 DJ，米泽是 VJ，你们都在什么样的地方工作呢？

米泽：庭山不太固定，有很多的俱乐部，他们邀请就去。而我每周五在 RCA 一家名为 FLIX

的浩室舞曲俱乐部，每月两次在 808 做 VJ。

庭山：我呢，只要有人叫我去做 DJ，不管哪里都会去（笑）。今后我想可能会去希罗姆一家叫巴博的店，以及一个法国朋友在帕蓬 2 号新开的名为 Park Bridge 的店里工作。

多映子：Park Bridge 的玻璃外墙很有个性。音乐也有特色，是一家有意思的俱乐部。

多映子：DJ 或 VJ 都还是新生事物，以后会有很好的发展前景。

庭山：泰国人现在有一股很强的“我们来做”的劲头，几年后肯定会不一样。未来的发展状况会很惊人。

多映子：海外来的大艺术家或 DJ 来到泰国时收费都不高，这很不错。

米泽：而且，海外有名的 DJ 来了以后没有什么距离感，可以很轻松地跟他们一起合影。

像平常一样去游玩
不要遭遇危险

——哪些俱乐部能让旅行者轻松地进入？

庭山：艾卡玛艾的俱乐部很漂亮，比较容易进去。

多映子：还是 RCA 比较好吧。不容错过，绝对热闹，不是吗？

如今的曼谷很有发展潜力，我对未来充满乐观。

——但是从RCA回去有些困难，总是打不到计程车。

多映子：是啊。所以要在打烊前出来，拦到计程车才好。

米泽：从反方向来的计程车很快能拦到。要记住哦，这是晚上出门玩的技巧（笑）。如果担心交通不便的问题，那就去BTS的车站附近玩，比如贝德萨潘俱乐部所在的苏克姆比特11号小路。

——去泰国的俱乐部应该怎么玩？

多映子：在泰国，俱乐部有社交场所的作用，客人之间的距离都很近。所以，去那里玩的时候和别桌的泰国人交个朋友，一起热热闹闹地玩比较好。而在日本，hiphop爱好者就不太能接受不喜欢hiphop的人，人与人之间有隔阂。

米泽：带着一种去和他人深入交流的心情玩比较好吧。

多映子：近来，我就和来这里的外国人成了朋友，感觉很愉快。外国人越来越多了。

庭山：我现在非常欢迎外国人来泰国的俱乐部。希望听到他们说“曼谷这里的俱乐部真热闹，很棒”，“音乐很不错”。

米泽：外国人即使趁旅行来玩，只要像平常一样去玩，就不会有什么危险，并且还可以尽情享受欢乐，这就是曼谷的俱乐部。庭山在很多地方工作，Dude Magazine的网站也会发布活动信息，希望您在旅行前先查看一下再来玩。

——之前我没办法了解关于夜生活的详细情况。去庭山和米泽参加的活动看看会很不错。

或许是因为俱乐部的客人之间没有什么距离感，所以会很快成为朋友。

《Dude》杂志“三人推荐”在曼谷能让旅行者轻松玩乐的俱乐部

帕蓬 2 号新开业！玻璃外墙个性十足

庭山雅行

《Dude》的销售经理。拥有超强的泰语能力，有品位、社交能力强，是曼谷市中心的精品店的店长兼调酒师，仍在努力奋斗中。同时他又作为 DJ MASA 不断扩大自己的活动范围。

PARK BRIDGE

区 B3 地 5，3rd F1.Patpong Soi2

有很多来自海外的有名的 DJ

多映子

《Dude》的编辑。以翻译、传译为主业的同时，夜晚往来于曼谷市内。

808

区 D3 地 Block C, RCA ☎ 0-2203-2044 营 21:00-02:00

代表 RCA 的大型俱乐部

喜欢浩室舞曲的人来这里！

米泽健《Dude》的项目经理。在曼谷做风险投资企业“ACRE 8 CO.,LTD.”的创意总监，同时又是 VJ 和专栏作家，在很多领域都很活跃。

http://www.acre8.com/

http://www.bithacks.com/

SLIM&FLIX

区 D2 地 Block S, RCA ☎ 0-2203-0377 营 19:00-02:00

向情侣·夫妇推荐!
乘计程车到沙美岛做一次短暂旅行

-郊外短期游 1-

如果厌倦了都市的喧嚣，就来距曼谷最近的神秘岛屿。
欣赏慢慢沉入大海中的夕阳，沉浸于浪漫的气氛中。

首先到达港口邦沛，然后乘船去沙美岛。船舶停靠在港口时，眼前的景色幽静怡人。

我在曼谷生活的时候，周末我常和泰国朋友一起到沙美岛的海滩玩。乘车（3 小时）+乘船(15-30 分钟)，出行轻松，这正是其魅力所在。白色的沙滩和蓝色的大海，未经人工改造的自然模样呈现在人们的面前，这是一座距离曼谷最近的神秘岛屿。

那时的住宿设施基本上是非常便宜的山间小屋。去那里的人主要是背包客和曼谷的学生。当时学生旅行的必带物品就是吉他，常常可以看到海滩上一群学生围坐在一起弹吉他唱歌的情景。

然而，这些年来这里已不再是背包客的世界，而成为了成年人的海滩度假地，能常常见到情侣的身影。其原因不仅是这里离曼谷近、海滩漂亮，还因为人均花费一万日元左右的奢侈度假酒店逐渐增多。我想看看作为成年人的度假地，沙美岛是如何发展的，便来到了这里。当时对于每个月都会去沙美岛的我来说，这里是仅次于曼谷的能给我留下美好回忆的地方。

Le Vimarn Cottages&Spa

地（Sales&Resrvation Office40/11 Moo4 Tumbon Phe,Amphur Mueang.Rayong 21160）

☎ 0-3864-4104

度假地的游泳池大得无边际，进入其中仿佛与大海融为一体，让人心情舒畅。

乘计程车单程 1800 泰铢

你知道吗，曼谷市内的计程车还可以去近郊地区。去近郊时就不再使用计价器，而是和司机商量车费。 从曼谷到邦沛（去沙美岛的港口城镇）单程的车费是 1800 泰铢，大概需要 2 ~ 2.5 个小时，比起巴士还是很快的，也很舒适。

从邦沛的专用码头乘坐酒店的快艇（需要 10 分钟）到达岛上，然后在久闻大名的苏梅旁帝克酒店“Le Vimarn Cottages&Spa”登记入住。虽然酒店位于沙美岛西北部的伯拉奥海滩，但地理位置非常优越，那里是距离度假地极近的美丽的私人海滩。酒店全部都是小木屋，所以有很好的私人空间。

在不破坏自然的前提下修建的山间小木屋。从海滩步行不到一分钟就能回到自己的房间。

眺望如此美丽的大海，将日本繁忙的生活全部抛到脑后。

骑着租来的摩托车环游全岛

第二天早晨，换上泳衣带上书奔赴海滩。读书读累了就下海去游泳，游累了再到海滩上读书……尽情享受悠闲时光。我在度假地一向是放松派，而专程从日本来这里休假的丈夫却说“好不容易来一次，我们在岛上四处转转吧”，于是租了一辆摩托车出发了。一开始我还有些不情愿，后来随着摩托车的前行，看到绿油油的自然风光和路边悠闲自在的狗狗，也逐渐被这种闲适的与海滩不一样的景色吸引了。

依然清晰记得的是岛屿西边的日落景观。要悄悄告诉大家的是，其实这是六年前丈夫向我求婚的地方。两人故地重游，眺望着大海和夕阳，从求婚到现在的记忆一一浮现在眼前。夫妇两人在日本忙碌的生活中，多多少少都会淡忘那些曾经纯真的时光。一瞬间我忽然意识到，一边回忆一边谈论往事的时光也是很重要的。我们在离开这个充满回忆的地方时，约定“几年以后我们还要一起来这里”。

①海边租售摩托车的地方。②如果没有摩托车可以坐带平板椅子的小卡车。③岛的西侧有一个可以看日出的地方。④特别特别辣的鲜沙拉，但很新鲜。

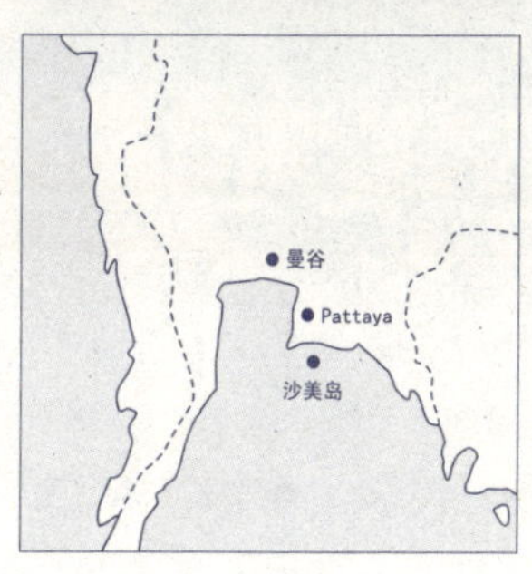

出行方法 乘公共交通工具，在艾卡玛艾巴士站有开往邦沛的巴士（单程 178 泰铢）、船（单程 50 泰铢）。乘计程车的话单程 1600-1800 泰铢。如果和度假地提前预约，还可以免费乘船。

平民化的海鲜餐厅

傍晚，我们回到摩托车租赁店所在的名为奥帕的海滩，正好到了吃晚饭的时间。这里的海滩一到夜晚，有很多桌椅被摆放在沙滩上，平民化的海鲜餐厅开始营业了。从入口处摆成一溜儿的鱼或贝类中选出自己喜欢吃的，然后放到炭火上烧烤。炭火烤鱼外焦里嫩、多汁。这儿有我最喜欢的贝类和海虾，而且提供的量多到吃不完。日落的浪漫气氛早已被抛到脑后，此时我完全沉浸在美味中。吃完后再到酒店旁边的餐厅兼酒吧娱乐一下。坐在露台的坐席上听着音乐品尝着鸡尾酒，最后在浪漫的氛围中结束一天的旅行。

这次的沙美岛旅行结束后，美丽的自然风光依然留在心中。如果走得再远点，就可以找到以前那种超便宜的海鲜餐厅，并且还能体味到地方特色，让自己体验一次长久的快乐旅行。后来每次拜访曼谷时，最后一两天就会乘计程车直奔沙美岛来放松心情，然后再回日本，这已经成为了我的固定模式。

与古老曼谷的相遇之旅
和塔姆一起去看“塔里畅水上市场”

- 郊外短期游 2-

沉浸在悠闲的地方氛围中，一定会发现真实的曼谷

塔姆强烈推荐的纳依物安食堂。“绿咖喱做好一两天后味道才会出来，那时才最好吃。”

“好热闹，卖什么的都有，就像过节一样让人激动。”

我问漫画家塔姆“你喜欢哪个地方？”，他回答的第一个就是“塔里畅水上市场”。作为一处观光地，达姆萨多克的水上市场很有名，但是塔里畅水上市场却是曼谷郊外一个泰国人常来游玩，极具地方特色的地方。

不够时尚 与同罗相似

“附近有一条美食街，这里并不时尚，有点像同罗。在这条街上有一定要带你去品尝的绿咖喱”，塔姆说完就带我来到了连接着市场的邦库诺大街。道路两旁全是小吃摊和餐馆，挤满了当地人，热闹非凡。路边摊和漂亮的商店在一起让人想起另一条美食街同罗。

塔姆带我去他以前经常光顾的有着“胖大叔”这样一个奇怪名字的餐馆。玻璃容器里放了近

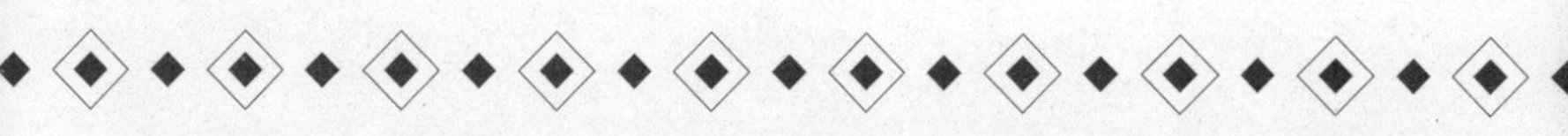

（右上）塔姆家附近的邦库诺大街一直以来就是当地人的美食区。（左上）塔姆点的绿咖喱和素面，还想再吃一次。

曼谷国际机场
湄南河
塔里畅水上市场

右上：店门口在卖甜点，甜甜的香味扑鼻而来。

出行方法 因为没有 BTS 或地铁站，所以要乘坐计程车。从曼谷市内出发大约需要 30 分钟，花费 100-150 泰铢就可以到达。告诉司机塔里畅水上市场就可以。

二十种蔬菜，塔姆毫不犹豫地点了绿咖喱。一般吃绿咖喱时的配料是鸡肉，但这里却使用的是少见的牛肉。尝一口，筋道的牛肉比起鸡肉汤汁更加美味！

吃饱后我们又转战塔里畅水上市场。通往市场的 100 米长的道路两边，路边摊一个挨着一个，像是过节赶庙会。即使什么都不买，仅仅来逛逛都让人兴奋。道路的尽头就是塔里畅水上市场所在的运河，旁边有开往南部的电车线路。塔姆说"虽然有电车线路，但很少看到电车，大概是因为电车数量少吧。"这条线路上既有散步的人也有从铁桥上跳入水中游玩的孩子，这儿犹如一个游乐场。

经过路边摊和电车线路旁的便道，终于到达运河边。架在河面上的细长栈桥上摆放着矮脚桌，成了一个大餐馆，周围停满了小船。栈桥上面卖有鱼、虾等海鲜、还有飘散出阵阵香味的泰国烤鸡。栈桥上都是全家一起来吃饭的泰国人，场面很热闹。这里规模并不大，却有着十足的泰国特色，我很喜欢。我喝着啤酒眺望着运河，想着下次来这里一定要办场宴会的时候，我们的船驶向了码头。

塔姆信步而行的这条小路的尽头就是水上市场。这里的欢乐气氛让我想下次带一大群朋友来这里办宴会，品尝美味的海鲜烧烤。左下的照片是手工制作的冰棒。2 根 5 泰铢，好便宜！

从船上看到的泰国风情

一小时花费1000泰铢就可以租到一只细长小舟，坐上这只小舟就可以开始一段运河游览之旅。我去的时候运气好，遇上了好天气，头顶是湛蓝的天空。远望曼谷市内不曾有的葱郁树林，吹着微风，情不自禁地发出“真舒服啊”的感叹。

继续前行，运河两岸出现了许多民居。孩子们在家门前玩水，他们略带腼腆地向我们挥手，非常可爱。“我想这就是原汁原味的曼谷吧。看到这些依旧按照传统方式生活的人，我感到泰国人真是了不起。我想带更多的友人来这里看看最真实的曼谷。”塔姆对我说，只要有外国朋友来，他一定会带他们来这里。

因为心情特别舒畅，我们两人都想再吹一会儿河风喝点啤酒，于是将租赁时间又延长了半小时。在沿河的杂货店买来了狮牌啤酒，又在水上商贩那里买来炸香蕉作为下酒菜，我们一起干杯畅饮。

运河是孩子们最好的游乐场。因为被周围很多人看着，他们一个紧接一个跳入河中，真是精力充沛啊。左上的照片是卡拉OK大会。微醉的大叔，沉浸在自己的世界中一展歌喉。

不变的风景带给人美好的心情

乘船观光结束后，回去的路上我们在举办有现场演奏的卡拉OK大赛的公园里短暂休息了一下。舞台上几个喝得微醉的大叔为大家热情地演唱泰国歌曲，前面还有伴着音乐跳舞的老爷爷。“希望在充满活力的泰国永远都能看到这样的人群。生活悠闲的泰国让人心情舒畅。真好啊！”我对塔姆的这番话非常赞同。东京和曼谷都在飞速发展着，但是现在依旧能看到这些不变的风景和人，让人感到轻松又安心。

三个小时的短暂旅行，一窥曼谷最真实、最朴素的一面，这是一段放松身心的旅行。虽然没有观光地的繁华，却见识到了从未见过的曼谷。

塔姆的新作漫画《曼谷》

游

HOTEL
什么样的
人都有啊
也有
日本人……
想象不到房间
是什么样的
ドキ
ドキ
304
306
好大

真奢侈啊
嘭
哐
按摩
难以想象
HOTE
去推荐的按摩店
是书上推荐的店，应该不会有问题吧？
…

唔~舒服，
而且很便宜
……
各种建筑物相互交错
这次的计程车
还比较正规
こんかいの
タクシー
マトモだし
TAXI
进这家百货公司
吧……
泰国游
导读

怎么突然变得这么华丽？
GUCCI
啊？是个男同志？
身材真好啊
喝杯茶
好累啊！

接下来吃什么呢？
也有不怎么时尚的普通人
这个真好吃，难怪被推荐呢
啊，外面也有啊
喂喂
こっちが安い
やっぱり
路边摊的大婶怎么会说日语？？

咕噜咕噜
喂喂
想跑啊，
没给钱呢。
曼谷？啊，要说玩得愉快吗……
各种各样的东西，眼花缭乱啊
下次还想来哦
wisut 2008

受国民爱戴的国王

泰国有一位深受国民爱戴和尊敬的国王，他就是泰王国查克里王朝第九代普密蓬阿杜德国王。1946 年继承王位以来，平息了多次泰国国内出现的不安定事件，亲自视察地方，为了泰国的发展倾注了全力。

在泰国侮辱国王和王室就是犯了不敬之罪，我认为主要是因为其伟大的功绩和崇高的人格，所以赢得了民众绝对的信赖和尊敬。

特别是在每年 12 月 5 日国王的生日那天，举国上下都沉浸在庆贺生日的欢乐气氛中。城市的主要街道都用霓虹灯、国王肖像和泰国国旗装饰起来。这一天在挂有国王肖像的地方，到了晚上八点人们会手握蜡烛，唱起国王的赞歌，同时可以从广播里听到或从电视里看到播放的国王演说。

看到这样的情景，你就会感到泰国人民是真心爱戴自己的国王。国王就是泰国人的骄傲。请注意，即使是开玩笑也不要对国王和王室有轻率的言行。

想要了解泰国！专栏 1
进一步了解泰国的小知识

合掌

你可以看到泰国人手掌合十的样子。泰语中合掌这个动作叫做“哇伊”。就连米其林的人偶和麦当劳的唐纳德大叔也都双手合十作欢迎客人状。

但是看似简单的“哇伊”，要想做规范却很困难。我大学毕业后在曼谷工作的时候，泰国人上司对我说的第一句话就是“你的合十动作很奇怪。”我以为只要将手掌合在一起就好了，但却是错的。上司告诉我“根据对方的年龄、地位，合掌的高度是不同的。”对方的年龄越长、地位越高，手的高度就越高。然而，我以为自己总算习惯了，却又被教训说“你合掌的动作不好看。”要做出一个漂亮的合掌，手掌合的方式、肩部动的方式、甚至表情都很重要。到现在我也不能像泰国人那样做出完美的合掌，但是身为同样重视礼节的日本人，我还是很想做好的。

其次，要注意的是合掌的时机。基本上是晚辈对长辈先做合掌，长辈不对晚辈合掌。在商店里，店员对顾客合掌，而顾客不用合掌。

游

日本的佛教和泰国的佛教

泰国国民 95% 以上都是佛教徒。但是泰国的佛教和日本的不同，是上座部佛教，从印度经斯里兰卡传到泰国、缅甸、老挝和柬埔寨。你在 TV 或杂志上看到过身穿橙色袈裟的僧侣吗？穿着那种袈裟的僧侣所在的国家就是上座部佛教国。

最让泰国人惊讶的日本佛教和泰国佛教的不同之处就是日本的僧侣可以结婚。"啊！？日本的和尚可以结婚？"他们一定会瞪大了眼睛这么问我。因为泰国的佛教有一条戒律，禁止接触女性，也不可以结婚。我总是解释说"日本佛教和泰国佛教的教义不同，做法也就不同"，可大家还是会说"真是不可思议啊"。

反过来，泰国公司的"出家带薪休假"对于日本人也是极为惊讶的事情。在泰国如果没有一次短期（10 ～ 14 天）出家就不被看做是一个堂堂正正的人，所以几乎所有的男性都有过短期出家的经历。已经进入公司工作的人，可以向公司提出出家休假的申请，然后去寺院里生活一段时间。对于日本人来说申请休假去出家是件不可思议的事情，但对泰国社会来说却是被广泛认可的一种习俗。总之，泰国人对佛教的虔诚超出了日本人的想象。即使身为外国人，也不要忘了敬重佛教、僧侣以及佛像，这样才能玩得好。

精灵信仰

泰国的宗教虽然是佛教，但除了佛教还有古时候流传下来的精灵信仰。所谓精灵信仰就是相信万物有灵，那些精灵守护着人们的生活，但是如果对其不敬也会招来灾祸。

大楼或酒店的前面、民宅的庭院前经常可以看到祠堂，这就是供奉土地神的。泰国人向这些祠堂献花、焚香、双手合十祈愿。我和朋友走在路上，经常会突然中断谈话，在祠堂前参拜。他们相信这些精灵一生气就会让人得病带来灾祸。

越到乡间，这种信仰就越强烈，他们认为森林、河流处处都有精灵，如果有什么解释不清的事情发生，人们就说"精灵生气了""精灵附体了"。在乡村里还有进行驱灵的巫师。

另外，他们将祖先灵称为母系灵。在泰国北部，丈夫在妻子的娘家生活的家庭很多，其中的缘由也很有意思。如果妻子去丈夫家生活，婆婆的灵和媳妇的灵就会争吵，给家里带来不幸。说不定世界上的婆媳问题就出于此呢！

佛教假日

佛教国泰国一年有四次佛教假日，因为全部都按照阴历计算，所以每年的日期都不固定。在泰国每逢佛教假日都要到寺院去听僧侣讲经并进行布施。

1. 万佛祭，阴历第三个满月之夜。阳历 2 ～ 3 月。

以前 1250 名教徒在一起听释迦说法的纪念日。

2. 佛祖诞生日，阴历六月满月那一天，阳历 5 ～ 6 月。

释迦出生、开悟然后涅槃的日子。

3. 三宝节，阴历八月满月的日子。阳历 7 ～ 8 月。

开悟后的释迦向五名弟子传法，佛、法、僧三宝完成之日。

4. 入安居，三宝节第二天。

雨季后半段的三个月是僧侣严加修行的时期。第一天称为“卡奥（进入）· 庞萨”，最后一天称为“奥克·庞萨”。在这一天，餐馆、商店都不得销售酒类，政府部门休息。

三宝节是了解泰国人信仰之深的好机会，一定要去寺院里看看。每个人都会到寺院去，拿着蜡烛用微小的声音祈福，并绕行主殿三圈。

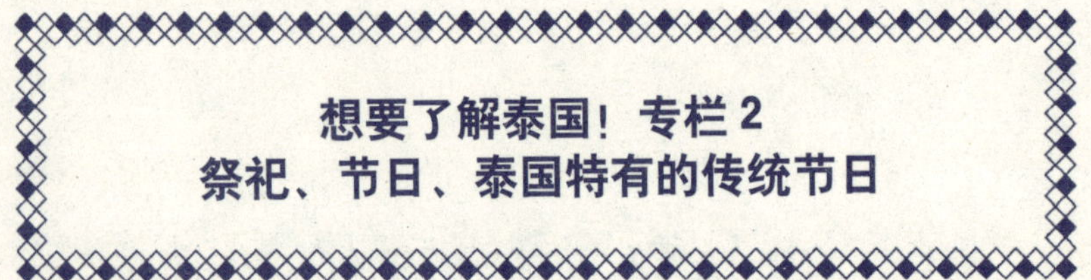

想要了解泰国！专栏 2
祭祀、节日、泰国特有的传统节日

中国新年

日本的新年指的是阳历一月一日，一年一次，但是泰国一年有三个新年。一次是泰国新年宋干节，一次是阳历新年，还有一次是中国新年。在拥有很多华人的泰国，正月初一时中国城（亚瓦拉特）及附近的节日气氛非常浓烈厚。

去寺院参拜，家人亲戚一起聚餐，相互祝贺新年。这段时间经常能见到供奉用的柑橘。因为柑橘皮的颜色为金黄色，所以代表了好运。泰国人还有把压岁钱和柑橘一起装进红色布袋的习俗。一般情况下是大人给孩子压岁钱，但也有孩子将自己的收入送给父母的。

泰国的华人企业在开业和歇业时，大部分华人会休息三天到一周，亲戚们聚在一起进行庆祝，但这不是法定假日。在亚瓦拉特的街道上可以看到放炮和舞狮。

因为有了长假，出国旅行的人就增多了。这个时候来自华人众多的邻国（马来西亚、新加坡）以及中国的香港和台湾的观光客数量会急速增加。

宋干节

一年中，举国欢腾的时期就是称为宋干节的泰国新年。4 月 13 日至 15 日是宋干节日。宋干节的别名是泼水节。泼水有清洁的意思，年轻人借此对长辈双亲表达尊敬之意，一边说着“新年快乐”一边捧起清香的水……这是原来的仪式。

如今，爱热闹的泰国人将其发展为一种习俗，用水桶或是水枪和路边来往的行人相互泼水。而且近年来人们会使用各种道具相互泼水，越来越热闹。最常见的工具就是水枪。甚至有人在轻型货车装货的地方装上盛有水的大桶向街上的人们泼水。乘坐巴士或三轮摩托车时，街上拿着水枪或水管的人会从车窗灌进水来。

素不相识的人也会不管不顾相互泼水，第一次体验泼水节的人可能会困惑地不知如何是好。但是，这里是泰国，只能遵从泼水的规矩。如果不想被水泼湿，还是不要这个时候去旅行比较好。

放灯节

用香蕉的花和叶装饰成莲花形或船形灯笼，然后放入河中的传统习俗称为“放灯节”。这一活动在阴历 12 月满月之夜举行。关于放河灯的起源有各种说法，一种说法是对赐予人类水之恩惠的水神表示感谢，还有一种说法是为日常生活污染河流的行为请求原谅。

这一天整个城市的人都会集中在有水的地方（河流、水池，甚至游泳池），买来喜欢的河灯放入水中。因为几乎所有的酒店都会在游泳池举行放灯活动，所以这段时间来泰国玩一定要参加哦。

我因为个人原因，在放灯节的季节里总会回忆过去而感到寂寞。因为放河灯是和自己的恋人一起做的，对恋人来说是具有重要意义的事情（就像日本的圣诞前夜）。在这段时间，经常会听到“你和谁一起去放河灯？”这样的对话。可惜的是，在我的单身时代，一心希望有人邀请我，却从未被邀请过。听说有一个男性朋友，问心仪的对象“今年和谁一起去？”对方竟回答“和妈妈一起去。”虽然不知道是不是真的，但邀不到对象还是让人很沮丧。现在我和我的丈夫已经可以笑谈年轻时代的苦涩回忆了（笑）。在这个浪漫的夜晚，你又和谁一起去放河灯呢？

气候和服装

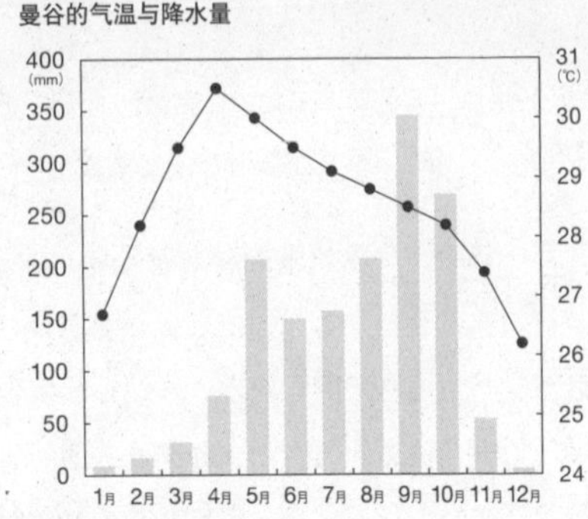

泰国的气候大致分为三个时期，11月至次年3月是旱季，4月至5月是暑季，6月至10月是雨季。暑季气温会上升到接近40度，需要做好防晒和防暑降温准备。在炎热的时候要在凉快的地方避暑，还要勤补水。大街上卖的鲜榨果汁很适合用来补充水分。在对抗女性的大敌“紫外线”时，太阳伞比帽子更好用。

但是，旱季去泰国时一定要带上外衣。有两个原因：第一，泰国虽然四季如夏，但是旱季的早晚气温会降到20度以下，感觉会比较凉；第二，室内冷气过冷。大概泰国人比日本人还要怕热，室内冷气开到冻人的程度，因此我一定会随身带着棉质或薄羊绒的大披肩。

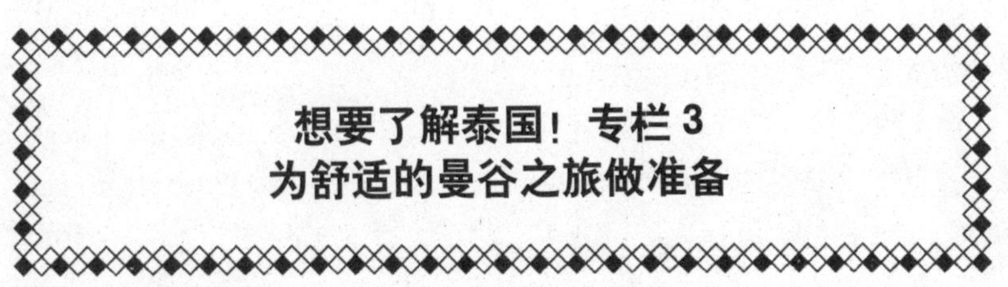

想要了解泰国！专栏3
为舒适的曼谷之旅做准备

该随身携带哪些物品

除了旅行必需的一般物品，我将介绍一些适用于泰国旅行的物品以及能够让您的泰国之旅更加舒适的物品。首先，泰国的酒店不提供牙刷。如果在招待会上提出要求，有的酒店也会准备。其次是护发素。酒店里有洗发液和香皂，但是没有护发素，这样的例子很多。建议您到达酒店之后立即去便利店买护发素。

最后是凉鞋。在泰国经常能见到穿运动鞋的人，但是在炎热的泰国穿着容易闷脚的运动鞋是不合适的。只要不远足或者不去看历史遗迹，就不需要运动鞋。曼谷市内交通方式很多，不需要长距离行走，所以透气性好的凉鞋是最佳选择。市场上的凉鞋一般只要190泰铢左右。因为还要去漂亮的餐厅就餐，所以除了凉鞋还要再准备一双鞋。

如果遇到问题

紧急联络处

旅游警察呼叫中心　不分局号　电话：1155

素万那普机场内　电话：0-2132-6596

廊曼机场内　电话：0-2535-1641

警察局　不分局号　电话：191

火警　不分局号　电话：199

在曼谷最容易遇到麻烦的就是坐计程车。有很多心善的计程车司机，但是也有坏心眼的计程车司机。我会列出三种受害经历及其对策。

1. 不用计价器收取高额车费——对策是，乘坐之前先告知目的地并确认是否使用计价器。泰国人也是这么乘计程车的。如果对方说不用计价器就立即下车。

2. 告知目的地后被拒载——对此没有办法。大部分理由是不想卷入交通阻塞的情况中。这种情况下就乘坐别的计程车或者坐 BTS、地铁。

3. 要求去含有介绍费的特产店或风俗店——对策是向对方明确告知不去的意思，即便这样还是纠缠不休的话就立即下车。为了避免发生争执将事态扩大化，一旦觉得奇怪就立即付清之前的费用然后下车。

游

其他需要注意的问题

不同的国家，文化和习惯自然不同。我经常听说有的人将日本的习惯带入而惹上麻烦。希望您不要后悔地说“如果事先了解就能避免这样的麻烦”。

面对僧侣的禁忌——对深受国民尊敬的僧侣有一些要注意的问题：1. 女性不能接触僧侣；2. 在 BTS 或地铁里，即使僧侣旁的座位是空的，女性也不能坐；3. 僧侣在路上通过时女性要避开。一般在泰国用脚踢人身体，用手指着东西都是不礼貌的行为。

批评王室是禁忌——泰国人对王室极为尊敬，批评王室就等于触犯了不敬之罪。即使是外国人，只要人在泰国，就不得有侮辱、批评王室的言行。

小费的行情——有时会因不知道行情而迷惑，但是基本上当你接受了令人满意的服务就应该给小费。给（酒店）搬运行李的服务生 20 泰铢。在床上放 20 泰铢给打扫房间的工作人员再出门。（按摩店、水疗馆）按摩后一小时给 50 泰铢小费，两小时给 100 泰铢。在水疗馆治疗后给 100-200 泰铢。（餐厅）按总餐费的 10% 计算。虽然不太习惯给小费，但为了良好的服务付一点小费还是可以接受的。

尾声　每次去都有新发现

在曼谷生活过的我自称为曼谷人。泰国的海滩、山脉、农家我都喜欢，但是还是想介绍我最喜欢的曼谷。我想把当今即现代又热情，既时髦又幽默的曼谷介绍给每一个人。

其实，这次采访也让我更加喜欢上了曼谷。虽然和曼谷有超过 14 年的感情，但这次让我又重新迷恋上了这里，因为我又重新认识到了泰国人的真心。无论走到哪里，他们都全力帮助我采访，脸上时刻都挂着微笑，现场总是充满欢乐的气氛。"我最喜欢日本客人。每个人都礼貌又和善。"他们都是喜欢日本的人。在探查时尚现状时，"女孩子都以日本的女孩子作为时尚的样本"，她们竟比我还了解日本的品牌。

带着这本书去曼谷，相信你一定能够更深地体会到泰国的事物，也会感觉到泰国

人离你很近。现在我生活在日本，仍然很想去感受一下今天的曼谷是什么样的，我觉得我还会再去曼谷采访。大家也进行一次从未有过的“体验之旅”吧。

自始至终甚至在现场采访时支持我的编辑部的吉田，带着满满的爱心拍摄照片的万田，在这本书中多次出现的我的丈夫，最后我要对大家的帮助表示衷心的感谢，没有你们的支持就不会诞生这本书。

2008年10月26日

清水千佳★

POP ★ TRIP BANGKOK

图书在版编目（CIP）数据

女人游曼谷 / （日）清水千佳著 ; 孙雪净译. -长春：吉林出版集团有限责任公司，2012.9
ISBN 978-7-5534-0389-2

Ⅰ. ①女… Ⅱ. ①清… ②孙… Ⅲ. ①曼谷－概况 Ⅳ. ①K933.61

中国版本图书馆 CIP 数据核字（2012）第 215921 号

女人游曼谷

著　者　（日）清水千佳
译　者　孙雪净
责任编辑　王　平　齐　琳
封面设计　烟　雨
开　本　889mm*1194mm　1/32
印　张　5.5
版　次　2013 年 1 月第 1 版
印　次　2013 年 1 月第 1 次印制

出　版　吉林出版集团有限责任公司
电　话　总编办：010-63109269
　　　　发行部：010-63104979
印　刷　北京和谐彩色印刷有限公司

ISBN 978-7-5534-0389-2　　定 价：29.00 元